中国共产党一百年大事记

（1921年7月—2021年6月）

中共中央党史和文献研究院

人民出版社

目　录

1840 年以后,由于西方列强的入侵,由于封建统治的腐败,中国逐渐成为半殖民地半封建社会。实现中华民族伟大复兴成为全民族最伟大的梦想;争取民族独立、人民解放和实现国家富强、人民幸福,成为中国人民的历史任务。许多献身于民族进步事业的爱国先驱,前赴后继、不懈探索。太平天国运动、洋务运动、戊戌维新运动、义和团运动,一次又一次地失败了。1911 年 10 月,孙中山领导的辛亥革命,推翻了清王朝统治,建立了中华民国,结束了统治中国两千多年的君主专制制度,开创了完全意义上的近代民族民主革命,但是仍然没有改变旧中国半殖民地半封建的社会性质,没有改变中国人民的悲惨命运,没有完成实现民族独立、人民解放的历史任务。中国期待着新的社会力量开辟新的救国救民道路。1915 年兴起的新文化运动,在中国社会掀起思想解放的潮流。1917 年俄国十月革命给东方被压迫民族以巨大鼓舞。中国一批先进分子开始选择马克思主义。同时,中国工人阶级伴随民族资本主义经济的发展而迅速壮大。一场新的人民大革命的兴起,已不可避免。

　　1919 年 5 月 4 日　由于中国在巴黎和会上的外交失败,北京学生 3000 余人到天安门前集会,游行示威,掀起彻底反帝反封建的爱国革命运动(五四运动)。6 月 5 日起,上海工人罢工声援学生,随后罢工、罢课、罢市迅速扩展到 20 多个省区、100多个城市。中国工人阶级开始以独立的姿态登上政治舞台。迫于人民群众的压力,中国代表没有出席6月28日的巴黎和约签字仪式。五四运动后,传播马克思主义的文章、图书大量出现。李大钊、陈独秀、李达、李汉俊、毛泽东、何叔衡、董必武、陈潭秋、邓中夏、何孟雄、高君宇、王尽美、邓恩铭等具有初步共产主义思想的先进分子开始在工人群众中宣传马克思主义。五四运动是近代中国革命史上具有划时代意义的事件,标志着新民主主义革命的伟大开端。五四运动以彻底反帝反封建的革命性、追求救国强国真理的进步性、各族各界群众积极参与的广泛性,推动了中国社会进步,促进了马克思主义在中国的广泛传播,促进了马克思主义同中国工人运动的结合,为中国共产党成立做了思想上干部上的准备,在近代以来中华民族追求民族独立和发展进步的历史进程中具有里程碑意义。五四运动孕育了以爱国、进步、民主、科学为主要内容的伟大五四精神,其核心是爱国主义精神。

1920年3月 李大钊在北京大学组织成立马克思学说研究会。5月,陈独秀在上海发起组织马克思主义研究会。上海、北京的研究会同湖北、湖南、浙江、山东、广东、天津等地及海外的先进分子逐步建立联系,进一步促进了马克思主义的传播。8月,陈独秀等在上海成立共产党早期组织。这实际上是中国共产党的发起组织,是各地共产主义者进行建党活动的联络中心。同月,陈望道翻译的《共产党宣言》中文全译本出版。10月,李大钊等在北京成立共产党早期组织。到1921年春,武汉、长沙、济南、广州等地及旅日、旅法华人中陆续成立共产党早期组织。

1921 年

7月23日 中国共产党第一次全国代表大会在上海法租界望志路106号（今兴业路76号）开幕。最后一天的会议转移到浙江嘉兴南湖的游船上举行。参加大会的代表有：上海的李达、李汉俊，北京的张国焘、刘仁静，长沙的毛泽东、何叔衡，武汉的董必武、陈潭秋，济南的王尽美、邓恩铭，广州的陈公博，旅日的周佛海；包惠僧受陈独秀派遣，出席了大会。他们代表全国50多名党员。共产国际代表马林和尼克尔斯基出席了大会。陈独秀和李大钊因事务繁忙未出席大会。大会确定党的名称为"中国共产党"，通过中国共产党的第一个纲领和决议。大会选举产生中央局，陈独秀为中央局书记。党的一大宣告中国共产党正式成立。中国共产党的成立，是近代中国历史发展的必然产物，是中国人民在救亡图存斗争中顽强求索的必然产物，是实现中华民族伟大复兴的必然产物。中国共产党作为中国最先进的阶级——工人阶级的政党，不仅代表着工人阶级的利益，而且代表着整个中国人民和中华民族的利益。它从一开始就坚持以马克思主义为行动指南，始终把为中国人民谋幸福、为中华民族谋复兴作为初心和使命。中国共产党的成立，是中华民族发展史上开天辟地的大事变，具有伟大而深远的意义。中国共产党的成立，充分展现了开天辟地、敢为人先的首创精神,坚定理想、百折不挠的奋斗精神,立党为公、忠诚为民的奉献精神。这是中国革命精神之源、精神之基、精神之本。1941 年 6 月,《中央关于中国共产党诞生二十周年、抗战四周年纪念指示》将 7 月 1 日作为中国共产党成立纪念日。

8 月 11 日　中国劳动组合书记部在上海成立。这是中国共产党领导工人运动的第一个公开机构。

9 月 27 日　在中国共产党领导下,浙江萧山衙前村农民大会召开,中国第一个新型农民组织宣告成立。1922 年 7 月,彭湃在广东海丰成立第一个秘密农会。到 1923 年 5 月,海丰、陆丰、惠阳三县很多地方成立了农会,会员达到 20 多万人;9 月,湖南衡山白果地区农民成立岳北农工会。

1922 年

1月　香港海员举行罢工。以此为起点,1923 年 2 月京汉铁路工人罢工为终点,中国共产党领导工人运动掀起第一次高潮。其间,全国发生大小罢工 100 多次,参加人数达 30 万以上。

5月5日—10日　中国社会主义青年团第一次全国代表大会在广州召开,中国社会主义青年团成立。

6月15日　中共中央发表《中国共产党对于时局的主张》,指出解决时局的关键,是用革命手段打倒帝国主义和封建军阀,建立民主政治。这是中国共产党第一次向社会各界公开自己的政治主张。

7月16日—23日　中国共产党第二次全国代表大会在上海举行。出席大会的代表 12 人,代表全国 195 名党员。大会第一次提出明确的反帝反封建的民主革命纲领,区分了最高纲领和最低纲领。大会通过第一个党章,并通过决议案,决定中国共产党加入共产国际。大会选举产生中央执行委员会,中央执行委员会推选陈独秀为委员长。

9月13日　中共中央机关报《向导》周报创刊。党的创建和大革命时期,中共中央还创办了《新青年》、《前锋》、《中国共产党党报》等刊物。

9 月 14 日—18 日　安源路矿工人在毛泽东、李立三、刘少奇等组织领导下,举行罢工斗争,取得胜利。罢工之前成立的安源路矿工人俱乐部得到巩固和发展。

1923 年

2月4日—9日 在中国共产党领导下,京汉铁路工人2万余人举行总罢工,成为工人运动第一次高潮的顶点。7日,反动军阀进行血腥镇压,造成二七惨案。

6月12日—20日 中国共产党第三次全国代表大会在广州举行。出席大会的代表30多人,代表全国420名党员。大会决定共产党员以个人身份加入国民党,以实现国共合作。大会规定共产党员加入国民党时,党必须在政治上、思想上、组织上保持自己的独立性。大会选举产生中央执行委员会,中央执行委员会选举组成中央局,陈独秀为委员长。大会以后,国共合作步伐大大加快。共产党的各级组织动员党员和革命青年加入国民党,在全国范围内积极推进国民革命运动。

1924 年

1月20日—30日 在孙中山主持下,中国国民党在广州召开第一次全国代表大会,通过共产党人参加起草的以反帝反封建为主要内容的宣言,事实上确立了联俄、联共、扶助农工的三大革命政策。大会选举产生中国国民党中央执行委员会,共产党员李大钊、谭平山、毛泽东等10人当选为中央执行委员或候补执行委员。大会的召开标志着第一次国共合作正式形成。

5月 为造就革命武装的骨干力量,国共合作创办的国民党陆军军官学校(黄埔军校)开学。6月16日,军校举行开学典礼。孙中山任军校总理,蒋介石任校长,廖仲恺任党代表。中国共产党从各地选派许多党、团员和革命青年到军校学习。11月,周恩来出任军校政治部主任,健全政治工作制度。周恩来主持的中共广东区委从军校第一期毕业生中抽调部分党、团员作为骨干,把大元帅大本营的铁甲车队改组为一支实际受共产党指挥的革命武装。

7月3日 国共合作举办的农民运动讲习所在广州正式开学。到1926年9月,在共产党人彭湃、毛泽东等相继主持下,广州农民运动讲习所连续举办六届,培训700多名农民运动骨干。

1925 年

1月11日—22日 中国共产党第四次全国代表大会在上海举行。出席大会的代表20人,代表全国994名党员。大会提出无产阶级在民主革命中的领导权问题和工农联盟问题,对民主革命的内容作了更加完整的规定。这是中国共产党在总结建党以来尤其是国共合作一年来实践经验基础上,对中国革命问题认识的重大进展。大会决定在全国范围内加强党的组织建设,规定以支部作为党的基本组织。大会选举产生中央执行委员会,中央执行委员会选举组成中央局,陈独秀为总书记。

5月1日—7日 第二次全国劳动大会在广州召开,中华全国总工会成立。

5月30日 中国共产党领导的反对帝国主义暴行的五卅运动在上海爆发,并迅速席卷全国,约1700万各阶层群众直接参加斗争,标志着大革命高潮的到来。6月至1926年10月,广州、香港爆发省港大罢工。这是中国工人运动史上持续时间最长的一次政治大罢工。

7月1日 中华民国国民政府在广州成立。其所属部队随后改编为国民革命军六个军。周恩来等共产党员分别在第一、第二、第三、第四、第六军中担任副党代表兼政治部主任等职务。

10 月　中央执行委员会扩大会议在北京召开。会议发布告农民书,提出解除农民困苦的根本办法是实行"耕地农有"。会议强调北方地区工作的重要性,决定加强对北方革命的领导。会后,中共北方区执行委员会成立,李大钊任书记。

12 月 1 日　毛泽东发表《中国社会各阶级的分析》。

1926 年

3 月 20 日　蒋介石制造中山舰事件。从此加紧限制共产党的活动。5 月,在国民党二届二中全会上提出《整理党务案》,从国民党领导机构中排挤共产党人,由此逐步控制了国民党、国民政府和国民革命军的大权。

7 月 9 日　国民革命军在广州誓师北伐。到 11 月,基本消灭军阀吴佩孚、孙传芳的势力。在北伐战争中,以共产党员、共青团员为骨干的叶挺独立团屡破强敌。随着北伐的胜利进军,共产党领导的湘鄂赣等省工农运动蓬勃发展。

8 月 4 日　中共中央发出关于坚决清洗贪污腐化分子的通告。这是党的历史上第一个惩治贪污腐败的文件。

10 月—翌年 3 月　中共中央和上海区委组织上海工人连续举行三次武装起义。1927 年 3 月 21 日,第三次武装起义在陈独秀、罗亦农、赵世炎、周恩来等组成的特别委员会直接领导下(周恩来任起义总指挥)取得胜利。22 日,成立上海特别市临时市政府。

1927 年

3 月 毛泽东发表《湖南农民运动考察报告》。

4 月 6 日 李大钊在北京被奉系军阀逮捕。28 日,英勇就义。

4 月 12 日 蒋介石在上海发动四一二反革命政变。这是大革命从高潮走向失败的转折点。在此前后,四川、江苏、浙江、安徽、福建、广西、广东等省相继以"清党"为名,大规模捕杀共产党员和革命群众。杨闇公、陈延年、赵世炎、萧楚女、熊雄等共产党人被杀害。

4 月 27 日—5 月 9 日 中国共产党第五次全国代表大会在武汉举行。出席大会的代表 82 人,代表全国 57967 名党员。大会选举产生中央委员会和党的历史上第一个中央纪律检查监督机构——中央监察委员会。根据大会要求,会后,中央政治局会议通过修改党章的决议,正式提出党内实行民主集中制的组织原则。

5 月 10 日 中共五届一中全会选举产生中央政治局和中央政治局常务委员会,陈独秀为中央委员会总书记。

7 月 15 日 汪精卫召开国民党中央常务委员会扩大会议,以"分共"的名义,正式同共产党决裂,对共产党员和革命群众实行大逮捕、大屠杀。国共合作全面破裂,国共两党合作发动的大革命宣告失败。据不完全统计，从1927年3月至1928年上半年，被杀害的共产党员和革命群众达31万多人。

8月1日 在以周恩来为书记的中共中央前敌委员会领导下，贺龙、叶挺、朱德、刘伯承等率领党所掌握和影响的军队两万余人，在江西南昌打响武装反抗国民党反动派的第一枪。南昌起义标志着中国共产党独立领导革命战争、创建人民军队和武装夺取政权的开端，开启了中国革命新纪元。1933年6月30日，中华苏维埃共和国中央革命军事委员会决定以发动南昌起义的8月1日为中国工农红军成立纪念日。7月11日，中华苏维埃共和国临时中央政府予以批准。此后，8月1日成为人民军队建军纪念日。

8月7日 中共中央在湖北汉口召开紧急会议（八七会议）。会议着重批评了大革命后期以陈独秀为首的中央所犯的右倾机会主义错误，确定了土地革命和武装反抗国民党反动派的总方针。这是由大革命失败到土地革命战争兴起的历史性转变。会议选出以瞿秋白为首的中央临时政治局。

8月 中共中央成立南方局，重新成立北方局。土地革命战争时期，中共中央还成立了长江局、苏区中央局、苏区中央分局、湘鄂西中央分局、鄂豫皖中央分局、上海中央局、西北局。

9月9日 以毛泽东为书记的中共湖南省委前敌委员会，领导工农革命军第一师发动湘赣边界秋收起义。29日，起义军到达江西永新三湾村时进行改编，将党的支部建在连上，从组织上确立了党对军队的领导，这是建设无产阶级领导的新型人民军队的重要开端。10月，起义军到达井冈山，开始创建农村革命根据地的斗争。

9月19日 中央临时政治局会议通过《关于"左派国民党"及苏维埃口号问题决议案》，决定不再打国民党的旗帜并成立苏维埃。

9月—翌年春 中共琼崖特委在定安、琼山等地，中共广东地方组织在海丰、陆丰等地，中共黄麻特委在湖北黄安、麻城，中共赣西特委、赣南特委分别在江西吉安、万安、赣县等地，领导发动武装起义。

10月 中共中央机关刊物《布尔塞维克》创刊。土地革命战争时期，中共中央还创办了《红旗》、《斗争》、《解放》等报刊。

11月9日—10日 中央临时政治局在上海召开扩大会议，提出以城市为中心举行全国武装暴动的策略。在实际工作中造成许多损失。1928年4月，停止执行。

12月11日 中共广东省委书记张太雷和叶挺、叶剑英等领导发动广州起义，成立广州苏维埃政府。但终因敌众我寡而失败，张太雷等牺牲。

1928 年

1 月—7 月 方志敏等在江西弋阳、横峰,朱德、陈毅等在湘南地区,贺龙、周逸群等在湖北洪湖和湘西桑植地区,刘志丹等在陕西渭南、华县,彭德怀、滕代远、黄公略等在湖南平江,领导发动武装起义。

2 月 毛泽东率部打破江西国民党军队对井冈山地区的进攻。至此,井冈山革命根据地初步建立。4 月下旬,朱德、陈毅率领南昌起义保留下来的部队和湘南起义农军到达井冈山,与毛泽东领导的部队会师,成立工农革命军第四军(后改称工农红军第四军),朱德任军长,毛泽东任党代表和军委书记。在创建和发展井冈山革命根据地的过程中,形成了坚定信念、艰苦奋斗,实事求是、敢闯新路,依靠群众、勇于胜利的井冈山精神。

4 月 毛泽东总结部队做群众工作的经验,规定部队必须执行三大纪律、六项注意。以后六项注意又发展成八项注意。

6 月 18 日—7 月 11 日 中国共产党第六次全国代表大会在苏联莫斯科近郊举行。出席大会的代表 142 人,其中有选举权的正式代表 84 人。大会指出,中国仍然是一个半殖民地半封建的国家,中国革命现阶段的性质是资产阶级民主革命;当前中国的政治形势是处于两个革命高潮之间;党的总路线是争取群众。大会选举产生新的中央委员会并选举产生中央审查委员会。

7月19日　中共六届一中全会选举产生中央政治局和中央政治局常务委员会。20日,政治局会议选举向忠发为中央政治局主席和中央政治局常务委员会主席,周恩来为常务委员会秘书长。

10月5日　湘赣边界党的第二次代表大会通过由毛泽东起草的决议案,提出工农武装割据的思想。1930年1月,毛泽东在给林彪的复信(后改为《星星之火,可以燎原》)中,提出把党的工作重心由城市转到农村,开始形成农村包围城市、武装夺取政权的思想。

12月—翌年4月　毛泽东先后主持制定井冈山《土地法》、兴国《土地法》。

1929 年

1 月 14 日 毛泽东、朱德、陈毅率领红四军主力离开井冈山,进军赣南。相继开辟赣南、闽西革命根据地。后来这两块根据地连成一片,以其为中心发展为中央革命根据地(中央苏区)。到 1931 年 11 月,全国已形成中央、湘鄂西、鄂豫皖、琼崖、赣东北(后发展为闽浙赣)、湘鄂赣、湘赣、右江等革命根据地。后来又建立了川陕、陕甘、湘鄂川黔、鄂豫陕、闽东等革命根据地。在革命根据地的创建和发展中,形成了以坚定信念、求真务实、一心为民、清正廉洁、艰苦奋斗、争创一流、无私奉献等为主要内涵的苏区精神。

5 月—翌年 2 月 中共商(城)罗(田)麻(城)特区委员会在河南商城,中共六安县委在安徽六安、霍山,中央代表邓小平等在广西百色、龙州,先后领导发动武装起义,建立红军,逐步开辟豫东南、皖西、左右江革命根据地。

12 月 28 日—29 日 红四军党的第九次代表大会(古田会议)在福建上杭古田召开。毛泽东当选为中共红四军前敌委员会书记。会议根据中央九月来信精神,通过毛泽东起草的古田会议决议,其中最重要的是关于纠正党内的错误思想的决议案,确立了思想建党、政治建军的原则。古田会议决议是中国共产党和红军建设的纲领性文献,是党和人民军队建设史上的重要里程碑。古田会议奠基的军队政治工作对军队生存发展起到了决定性作用。

1930 年

3 月　在中国共产党领导和推动下,中国左翼作家联盟在上海成立。随后中国社会科学家、戏剧家、美术家、教育家联盟以及电影、音乐小组等左翼文化团体相继成立。10 月,各左翼文化团体组成中国左翼文化总同盟。共产党领导的左翼文化运动在国民党统治区兴起。

5 月　毛泽东撰写《调查工作》(后改为《反对本本主义》),提出"没有调查,没有发言权"。

6 月 11 日　中央政治局会议通过李立三起草的《新的革命高潮与一省或几省首先胜利》决议,形成系统的"左"倾冒险主张。不久,又制定全国总暴动和集中全国红军进攻中心城市的计划,使各地革命力量遭到不同程度的损失。9 月,中共扩大的六届三中全会停止了这一冒险行动。

6 月　红军第一军团成立,朱德任总指挥,毛泽东任政治委员兼前委书记。同月,红军第三军团成立,彭德怀任总指挥兼前委书记,滕代远任政治委员。7 月,红军第二军团成立,贺龙任总指挥,周逸群任政治委员兼前委书记。

8 月 23 日　红军第一方面军成立,朱德任总司令,毛泽东任总前委书记兼总政治委员。

冬—翌年秋　中央革命根据地军民在毛泽东、朱德指挥下,连续粉碎国民党军的三次"围剿",巩固和扩大了根据地。鄂豫皖、湘鄂西等革命根据地也相继取得反"围剿"的胜利。到 1932 年春前后,各革命根据地共歼敌 20 余万人,主力红军发展到约 15 万人。

1931 年

1月7日 中共扩大的六届四中全会在上海召开。王明（陈绍禹）实际掌握了中共中央的领导权。以王明为代表的"左"倾教条主义错误在党的领导机关内开始了长达四年的统治。9月，王明到莫斯科担任中共驻共产国际代表，临时中央在上海成立，由博古（秦邦宪）负总责。1933年1月，临时中央被迫由上海迁至中央革命根据地的瑞金。

9月18日 日本帝国主义制造九一八事变，开始大举侵占中国东北。东北各阶层人民和爱国官兵纷纷组织抗日义勇军等各种形式的抗日队伍。中国共产党在抗日义勇军中积极开展工作，并组织党领导下的抗日武装。从1932年起，党先后组织了由汉、满、朝鲜、蒙古、回等民族爱国志士参加的十余支抗日游击队，逐渐成为东北抗日游击战争的主力，并发展为东北人民革命军、东北抗日同盟军等武装。九一八事变后，中国人民奋起抵抗，成为中国人民抗日战争的起点，同时揭开了世界反法西斯战争的序幕。

11月7日 红军第四方面军成立，徐向前任总指挥，陈昌浩任政治委员。

11月7日—20日 中华苏维埃第一次全国代表大会在江西瑞金召开，宣布成立中华苏维埃共和国临时中央政府。

25日,中华苏维埃共和国中央革命军事委员会成立,朱德任主席。27日,毛泽东当选为中华苏维埃共和国中央执行委员会主席和中央执行委员会人民委员会主席。中华苏维埃共和国是中国历史上第一个全国性的工农民主政权,是中国共产党在局部地区执政的重要尝试。其他根据地也相继召开各级工农兵代表大会,选举产生各级苏维埃政府。

11月 红色中华通讯社成立。1937年1月,改名为新华社。

12月14日 国民党第二十六路军1.7万余人在赵博生、董振堂、季振同、黄中岳率领下,于江西宁都起义。随后改编为红军第五军团,季振同任总指挥,萧劲光任政治委员。

12月 中华苏维埃共和国临时中央政府机关报《红色中华》创刊。

本年 经过三年多实践,党的土地革命路线基本形成,即:依靠贫农、雇农,联合中农,限制富农,消灭地主阶级,变封建土地所有制为农民土地所有制。

1932 年

12 月 刘志丹、谢子长、习仲勋等领导的陕甘游击队改编为红军。1933 年 3 月后,创建先后以照金、南梁为中心的陕甘边革命根据地。1934 年 11 月,正式成立陕甘边区苏维埃政府和革命军事委员会,习仲勋当选为苏维埃政府主席,刘志丹任革命军事委员会主席。

年底—翌年 3 月 在周恩来、朱德指挥下,中央革命根据地取得第四次反"围剿"的胜利。

1933 年

1月—2月 红四方面军主力开辟以四川通（江）、南（江）、巴（中）为中心的川陕革命根据地。此前,红四方面军主力于 1932 年 10 月撤离鄂豫皖革命根据地。

5月8日 中国工农红军总司令部成立,朱德任中国工农红军总司令,周恩来任总政治委员。

6月中旬 红军第六军团组建。1934 年 8 月,红六军团军政委员会正式成立,中央代表任弼时任军政委员会主席,萧克任军团长,王震任政治委员。

9月 蒋介石调集 100 万兵力对革命根据地发动第五次“围剿”,其中 50 万兵力用于进攻中央革命根据地。临时中央负责人博古和共产国际军事顾问李德在反“围剿”中推行单纯防御的军事路线,使红军和革命根据地遭受重大损失。

1934 年

7 月 寻淮洲、乐少华、粟裕等领导的红七军团改编为北上抗日先遣队,开赴闽浙皖赣边区活动。11 月,同方志敏领导的红十军会合后组成红十军团,成立以方志敏为主席的军政委员会。

8 月 7 日 红六军团从湘赣革命根据地突围西征。10月,与红三军会师。红三军恢复红二军团番号,贺龙任军团长,任弼时任政治委员。随后,逐步开创湘鄂川黔革命根据地。

10 月中旬 中共中央、中革军委率中央红军主力等进行战略转移,开始长征。11 月中旬至 1935 年 11 月中旬,红二十五军,红四方面军,红二、红六军团也相继撤出鄂豫皖、川陕、湘鄂川黔等革命根据地,进行战略转移。

10 月下旬—12 月初 中央红军连续突破国民党军三道封锁线,在突破第四道封锁线的湘江战役中遭受重大损失。渡过湘江后,中央红军从长征出发时的 8.6 万余人锐减到 3万余人。

10 月 中央红军主力长征后,中共中央决定成立以项英为首的苏区中央分局和中央军区、以陈毅为主任的中华苏维埃共和国中央政府办事处,领导留在南方根据地的红军和游击队坚持斗争。南方游击战争历时三年,地域范围包括八省十几个地区,有力配合了主力红军的战略转移,保留了革命力量。其间,瞿秋白等牺牲。

12 月 18 日 中央政治局在贵州黎平召开会议,根据毛泽东的建议,通过决议,放弃到湘西北同红二、红六军团会合的计划,改向贵州北部进军。此前,中共中央负责人在湖南通道召开紧急会议,讨论转兵问题。

1935 年

1月15日—17日　中央政治局在贵州遵义召开扩大会议,集中解决当时具有决定意义的军事和组织问题。会议增选毛泽东为中央政治局常委,委托张闻天起草《中央关于反对敌人五次"围剿"的总结的决议》,取消长征前成立的"三人团"。会后不久,在向云南扎西地区转进途中,中央政治局常委决定由张闻天代替博古负总的责任,毛泽东为周恩来在军事指挥上的帮助者,后成立由毛泽东、周恩来、王稼祥组成的三人小组,负责全军的军事行动。遵义会议是党的历史上一个生死攸关的转折点。这次会议在红军第五次反"围剿"失败和长征初期严重受挫的历史关头召开,事实上确立了毛泽东在党中央和红军的领导地位,开始确立了以毛泽东为主要代表的马克思主义正确路线在党中央的领导地位,开始形成以毛泽东为核心的第一代中央领导集体,开启了党独立自主解决中国革命实际问题的新阶段,在最危急关头挽救了党、挽救了红军、挽救了中国革命。

1月下旬—5月上旬　中央红军四渡赤水,南渡乌江,佯攻贵阳,威逼昆明,巧渡金沙江,摆脱了数十万敌军的围追堵截。随后顺利通过四川凉山彝族地区,强渡大渡河,飞夺泸定桥,继续北上。

5月—7月 陕北红军在刘志丹等指挥下,粉碎敌人军事"围剿",使陕甘边和陕北两块根据地连成一片,形成陕甘革命根据地(又称西北革命根据地)。陕甘革命根据地是土地革命战争后期全国硕果仅存的完整革命根据地,为党中央和各路红军长征提供了落脚点,为全民族抗日战争爆发后由红军改编的八路军主力奔赴抗日前线提供了出发点。

6月中旬 中央红军翻越终年积雪的夹金山,与红四方面军在四川懋功会师。中共中央根据会师后的形势,确定北上建立川陕甘革命根据地的战略方针。9月9日,张国焘拒绝执行北上方针,命令右路军南下。12日,中央政治局召开扩大会议,通过关于张国焘错误的决定。10月,反对北上、坚持南下的张国焘另立"中央"。红四方面军南下后遭受严重损失。1936年6月,张国焘被迫取消另立的"中央"。

8月1日 中共驻共产国际代表团草拟《中国苏维埃政府、中国共产党中央为抗日救国告全体同胞书》(八一宣言)。宣言主张停止内战,组织国防政府和抗日联军,对日作战。

9月中旬 红二十五军到达陕甘革命根据地,同当地的红二十六、红二十七军会师,合编为红十五军团,徐海东任军团长,程子华任政治委员。

9月 红一、红三军和军委纵队北上到达甘肃哈达铺,正式改编为陕甘支队,彭德怀任司令员,毛泽东任政治委员。10月19日,抵达陕北吴起镇。中央红军主力胜利结束长征。11月3日,恢复红一方面军番号,彭德怀任司令员,毛泽东任政治委员,下辖红一军团(由陕甘支队改编)、红十五军团。

12月9日 由于日本加紧侵略华北,中国共产党领导北平学生掀起声势浩大的抗日救亡运动（一二·九运动），并迅速波及全国，形成抗日救国的新高潮。

12 月 17 日—25 日 中央政治局在陕北瓦窑堡召开扩大会议，确定抗日民族统一战线的策略方针。会后，毛泽东作报告，系统阐述这一方针。

1936 年

2 月　东北各抗日武装统编为东北抗日联军。到 1937 年秋,建立 11 个军,共 3 万余人。东北抗日联军相继分编为第一、第二、第三路军,分别由杨靖宇、周保中、李兆麟等率领。

2 月—7 月　红一方面军先后向山西、绥远等地和陕、甘、宁三省边界地区发起东征战役和西征战役。

6 月下旬—7 月初　红二、红六军团长征抵达四川甘孜地区,与红四方面军会合。7 月 5 日,红军第二方面军成立,贺龙任总指挥,任弼时任政治委员。在中共中央积极争取及广大指战员斗争和要求下,红四、红二方面军共同北上。

10 月 9 日　红一、红四方面军在甘肃会宁会师。22 日,红一、红二方面军在甘肃隆德将台堡(今属宁夏西吉)会师。至此,三大主力红军胜利会师。长征是人类历史上的伟大壮举,是一次理想信念、检验真理、唤醒民众、开创新局的伟大远征。长征的胜利,是中国革命转危为安的关键。长征铸就了伟大的长征精神,这就是:把全国人民和中华民族的根本利益看得高于一切,坚定革命的理想和信念,坚信正义事业必然胜利的精神;为了救国救民,不怕任何艰难险阻,不惜付出一切牺牲的精神;坚持独立自主、实事求是,一切从实际出发的精神;顾全大局、严守纪律、紧密团结的精神;紧紧依靠人民群众,同人民群众生死相依、患难与共、艰苦奋斗的精神。

10月下旬 为打通苏联援助的道路,红四方面军一部奉中革军委命令,西渡黄河准备执行宁夏战役计划。11月11日,渡河部队根据中央决定称西路军。深入河西走廊的西路军将士以不畏艰险、浴血奋战的英雄主义气概,在极端困难的条件下坚持战斗四个月,终因寡不敌众,于1937年3月惨烈失败。

12月12日 张学良、杨虎城发动西安事变,扣留蒋介石。中共中央确定和平解决事变的方针,并派周恩来、博古、叶剑英等前往西安。经过谈判,迫使蒋介石作出"停止剿共,联红抗日"的承诺。西安事变的和平解决,成为时局转换的枢纽。在抗日的前提下,国共两党实行第二次合作已成为不可抗拒的大势。

1937 年

1 月 13 日　中共中央机关迁驻延安。

5 月　中共中央先后召开党的苏区代表会议和党的白区代表会议,进一步总结历史经验,明确党在抗日战争时期的任务。

7 月 7 日　日本侵略军发动卢沟桥事变(七七事变),当地中国驻军奋起抵抗。8 日,中共中央向全国发出通电,指出:"平津危急! 华北危急! 中华民族危急! 只有全民族实行抗战,才是我们的出路!"卢沟桥事变标志着日本帝国主义发动了全面侵华战争,也标志着中国人民抗日战争的全面爆发,即全国抗战的开始。中国的全民族抗战在世界东方开辟了第一个大规模反法西斯战场。

7 月—8 月　毛泽东撰写《辩证法唯物论(讲授提纲)》中的《实践论》和《矛盾统一法则》(后改为《矛盾论》)。

8 月 22 日—25 日　中共中央在陕北洛川召开政治局扩大会议(洛川会议)。会议指出,必须坚持统一战线中无产阶级的领导权,在敌人后方放手发动独立自主的山地游击战争,在国民党统治区放手发动抗日的群众运动。会议通过《中国共产党抗日救国十大纲领》和《中共中央关于目前形势与党的任务的决定》,标志着党的全面抗战路线的正式形成。会议决定成立中共中央革命军事委员会,毛泽东为书记(亦称主席),朱德、周恩来为副书记(亦称副主席)。

8月25日 中共中央革命军事委员会发布命令,宣布红军改名为国民革命军第八路军(简称八路军),下辖三个师,全军约4.6万人。红军前敌总指挥部改为第八路军总指挥部,朱德任总指挥,彭德怀任副总指挥。之后,党在南方八省的红军游击队(琼崖红军游击队除外),改编为国民革命军陆军新编第四军(简称新四军),下辖四个支队,全军约1.03万人。叶挺任军长,项英任副军长。

8月 中共中央北方局在太原组建新的领导机关。全民族抗日战争时期,中共中央还成立(或重新成立)了北方分局、晋察冀分局、太行分局、冀鲁豫分局、山东分局、长江沿岸委员会、长江局、东南分局、东南局、中原局、华中局、南方局、南方工委、西南工委、陕甘宁边区中央局、西北局、晋绥分局。

9月22日 《中共中央为公布国共合作宣言》由国民党中央通讯社发表。23日,蒋介石发表实际上承认共产党合法地位的谈话。中共中央的宣言和蒋介石谈话的发表,宣告国共两党重新合作和抗日民族统一战线形成。

9月25日 八路军第一一五师主力在晋东北取得平型关大捷,歼灭日军1000余人,打破了日军"不可战胜"的神话。

9月 原陕甘宁革命根据地的苏维埃政府(即中华苏维埃人民共和国临时中央政府西北办事处),正式改称陕甘宁边区政府(11月至翌年1月曾称陕甘宁特区政府)。陕甘宁边区是中共中央所在地,是人民抗日战争的政治指导中心,是八路军、新四军和其他人民抗日武装的战略总后方。

10月—11月 八路军配合国民党军队进行忻口战役,相继取得雁门关伏击战、夜袭阳明堡日军机场等胜利。

11月 八路军开始逐渐向敌后实行战略展开。在中共地方组织配合下,到1938年10月,创建了晋察冀、晋西北和大青山、晋冀豫、晋西南、山东等抗日根据地。

1938 年

1月10日　晋察冀边区临时行政委员会在冀西阜平成立。这是由中国共产党领导建立的敌后第一个统一战线性质的抗日民主政权。

1月　八路军香港办事处成立,对外称"粤华公司"。广泛联系海外华侨、港澳同胞和国际力量开展抗日斗争。

2月—12月　新四军开进皖中、皖南、苏南、豫东等地,开展游击战争,建立敌后抗日根据地。

3月15日　中共中央发出《关于大量发展党员的决议》。到1938年底,全国党员人数从全民族抗战开始时的4万多发展到50余万。

4月　晋冀豫抗日根据地军民粉碎3万余日军的九路围攻,歼敌4000余人,收复18座县城。

5月26日—6月3日　毛泽东作《论持久战》的长篇讲演,指出:日本是帝国主义强国,中国是半殖民地半封建弱国;日本的侵略战争是退步的、野蛮的,中国的反侵略战争是进步的、正义的;日本是个小国,经不起长期战争,中国是个大国,能够支持长期战争;日本的非正义战争失道寡助,中国的正义战争得道多助。第一点决定了日本的进攻能在中国横行一时,中国不能速胜;后三点决定了中国不会亡国,经过长期抗

— 35 —

战,最后胜利属于中国。《论持久战》系统阐明了党的抗日持久战战略总方针,是中国共产党领导抗日战争的纲领性文献。

9月29日—11月6日 中共扩大的六届六中全会在延安召开。全会首次提出马克思主义中国化的命题,重申个人服从组织、少数服从多数、下级服从上级、全党服从中央的纪律,正确分析抗日战争的形势,规定党在抗战新阶段的任务,为实现党对抗日战争的领导进行了全面的战略规划,进一步巩固毛泽东在全党的领导地位,统一全党的思想和步调,推动各项工作迅速发展。

10月 广州、武汉相继沦陷,全民族抗日战争由战略防御转入战略相持阶段。在战略防御阶段,八路军、新四军同日、伪军作战1600余次,毙伤俘敌5.4万余人,八路军发展到15.6万余人,新四军发展到2.5万人,抗日根据地(包括游击区)总人口达5000万以上。广州沦陷前后,周恩来通过潘汉年等把上海、南京等沦陷区的文化界人士和民主人士,包括宋庆龄、何香凝、郭沫若、茅盾、柳亚子、蔡元培等,转移到广州、香港。其中部分留在香港,加强了香港文化界的抗日救亡力量。

10月—12月 中共广东地方组织团结和领导汉、黎、苗等各族人民建立抗日游击队,开辟了华南敌后战场。全民族抗战期间,中国共产党实行各民族一律平等、团结抗日的民族政策,发展了大量少数民族抗日武装。台港澳同胞和海外侨胞也积极参加抗日救亡活动。

1939 年

1 月 16 日　中共中央南方局在重庆成立,周恩来为书记(1943 年 6 月改由董必武主持工作),负责领导南方国民党统治区和部分沦陷区及海外党组织,以及在此范围内设立的八路军、新四军办事处,《新华日报》、《群众》周刊社等公开机构。南方局坚持贯彻抗战、团结、进步的方针,广泛开展统战等各方面工作。

1 月 17 日—2 月 4 日　陕甘宁边区参议会召开第一届第一次会议,通过《陕甘宁边区抗战时期施政纲领》等文件。林伯渠当选为边区政府主席。

1 月—3 月　八路军第一二九师主力同冀南军区部队一起进行反"扫荡"作战,巩固了冀南抗日根据地。1 月至 4 月,八路军第一二〇师主力会合冀中军区部队,连续粉碎日、伪军多次围攻。7 月至 8 月,晋冀豫抗日根据地军民在八路军总部统一指挥下,反击日军 5 万余人的大"扫荡"。

2 月 2 日　为克服经济上的严重困难,中共中央在延安召开生产动员大会,毛泽东发出"自己动手"的号召。抗日根据地军民相继掀起大生产运动。1941 年春,八路军第三五九旅开进南泥湾实行军垦屯田,成为全军大生产运动的一面旗帜。包括发展生产在内,各抗日根据地相继实行对敌斗争、精兵简政、统一领导、拥政爱民、整顿三风、审查干部、时事教育、"三三制"、减租减息十大政策,对克服困难、渡过难关、巩固抗日根据地起了重要作用。党在延安时期培育形成了以坚定正确的政治方向、解放思想实事求是的思想路线、全心全意为人民服务的根本宗旨、自力更生艰苦奋斗的创业精神为主要内容的延安精神,是我们党的宝贵精神财富。

3月 罗荣桓、陈光率八路军第一一五师一部进入鲁西。5月,在泰(安)肥(城)地区取得陆房突围战斗的胜利,毙伤日军 1300 余人。

5月—11月 华中新四军完成向敌后实行战略展开的任务,先后在皖中庐江东汤池成立江北指挥部、在苏南溧阳水西村成立江南指挥部,分别由张云逸、陈毅任指挥。

7月7日 《中共中央为抗战两周年纪念对时局宣言》发表,提出坚持抗战、反对投降,坚持团结、反对分裂,坚持进步、反对倒退三大政治口号。

10月4日 毛泽东发表《〈共产党人〉发刊词》,指出统一战线、武装斗争、党的建设是中国共产党在中国革命中战胜敌人的三个法宝,并把党的建设称为"伟大的工程"。

10月—12月 八路军晋察冀部队在第一二〇师配合下,粉碎 2 万余日军对北岳区的大"扫荡"。在黄土岭伏击战中击毙日军中将旅团长,这是抗日战争中八路军击毙的日军最高级别指挥官。

11月 来华参加抗战的加拿大共产党员诺尔曼·白求恩医生在晋察冀边区唐县逝世。毛泽东题写挽词,并撰写《学习白求恩》(后改为《纪念白求恩》)。1942 年 12 月,来华参加抗战的印度医生柯棣华在唐县逝世。毛泽东题写挽词。

12 月—翌年春 国民党顽固派掀起第一次反共高潮。中国共产党领导抗日根据地军民坚持自卫原则,击败顽固派的进攻。

1940 年

1 月 毛泽东发表《新民主主义论》,系统阐述新民主主义理论。新民主主义理论的提出和系统阐明,是马克思主义中国化的重大理论成果,标志着毛泽东思想得到多方面展开而趋于成熟。

4 月 中共中央西北工作委员会拟定《关于回回民族问题的提纲》。7 月,又拟定《关于抗战中蒙古民族问题提纲》。经中央书记处批准,成为抗战期间指导民族工作的纲领性文件。

6 月 1 日 毛泽东会见率南洋华侨回国慰劳视察团到延安的陈嘉庚等人。此前,东南亚各国 40 多个华侨救国团体于 1938 年 10 月在新加坡成立以陈嘉庚为主席的南洋华侨筹赈祖国难民总会,积极开展抗日爱国运动。

8 月 20 日—翌年 1 月下旬 八路军总部在华北发动了一次大规模的对日军的进攻(百团大战)。先后有 105 个团约 20 余万人参加。到 1940 年 12 月初,敌后军民共作战 1824 次,毙伤日、伪军 2.5 万余人,俘日军 281 人、伪军 1.8 万余人。

9 月 18 日 中央书记处发出关于开展敌后大城市工作的通知,成立敌后工作委员会,以周恩来负总责,南方以重庆为中心,北方以延安为中心,领导推进敌后城市工作。

11 月 17 日 华中新四军八路军总指挥部在苏北海安成立,叶挺任总指挥,刘少奇任政治委员,陈毅任副总指挥(在叶挺抵达前代理总指挥)。到年底,新四军在两年多的敌后游击战中,共对日、伪军作战 2700 多次,毙伤俘敌 5.5 万人,在华中建立了皖东、豫皖苏、皖东北、苏北等抗日根据地,扩大了苏南、皖中抗日根据地,沟通了华北与华中抗日根据地的联系,主力部队发展到近 9 万人,地方武装和不脱产的地方武装数十万人。

1941 年

1 月上旬 新四军军部及所属皖南部队 9000 余人,在遵照国民党军事当局的命令向北转移途中遭到国民党军 8 万余人的伏击和围攻,大部壮烈牺牲或被俘,军长叶挺被扣押,副军长项英遇害,这就是皖南事变。事变发生后,蒋介石诬称新四军"叛变",宣布取消其番号。中国共产党采取军事上严守自卫、政治上坚决反击的方针。中央军委于 1 月 20 日发布重建新四军军部的命令,陈毅任代军长,刘少奇任政治委员。到 3 月,国民党顽固派的第二次反共高潮被击退。

5 月 1 日 经中共中央批准的《陕甘宁边区施政纲领》正式发表。11 月,陕甘宁边区第二届参议会召开,通过《陕甘宁边区保障人权财权条例》,开明绅士李鼎铭被选为边区政府副主席。

5 月 19 日 毛泽东作《改造我们的学习》报告。9 月至 10 月,中央政治局在延安召开扩大会议,党的高级干部开始学习和研究党的历史,总结党的历史经验,以求从政治路线上分清是非,达到基本一致的认识,为全党普遍整风作了准备。

6 月 随着苏德战争爆发,日本侵略者决意加紧对华作战,中国战场成为世界反法西斯战争的东方主战场。日军对各抗日根据地特别是华北抗日根据地发动毁灭性的"扫荡"

和"蚕食"，敌后抗日根据地进入空前困难时期。晋察冀、晋冀豫、冀鲁豫、山东和苏北、苏中、苏南等根据地军民创造了地道战、地雷战、麻雀战、破袭战、围困战、水上游击战等多种武装斗争形式，充分发挥人民战争的威力，有效打击了敌人。在艰苦的敌后抗战中，广大军民中涌现出无数可歌可泣的英雄事迹。东北抗联第一路军总司令兼政治委员杨靖宇、东北抗联第二路军副总指挥赵尚志、八路军副参谋长左权、新四军第四师师长彭雪枫等在作战中牺牲。八路军战士马宝玉、胡德林、胡福才、宋学义、葛振林，在打完最后一粒子弹后跳下悬崖，被称为"狼牙山五壮士"。新四军"刘老庄连"在与敌人战斗中全部壮烈牺牲。

12月9日　太平洋战争爆发第二天，中国共产党发表宣言，倡导建立太平洋一切抗日民族的统一战线。1942年1月1日，中、美、英、苏等26国签署《联合国家宣言》，国际反法西斯统一战线正式形成。

12月—翌年春　在中共中央和南方局领导下，香港、广东党组织和抗日游击队秘密营救日军占领香港时被困的爱国民主人士、文化界人士和其他人士，包括何香凝、柳亚子、邹韬奋、茅盾、胡绳、夏衍、梁漱溟等共800余人。香港沦陷后，在共产党领导下成立的广东人民抗日游击总队港九大队挺进敌后，坚持开展游击战。

1942 年

2月上旬　毛泽东先后作《整顿学风党风文风》(后改为《整顿党的作风》)和《反对党八股》的讲演,提出反对主观主义以整顿学风、反对宗派主义以整顿党风、反对党八股以整顿文风。整风运动在全党普遍展开。

5月　中共中央在延安召开文艺座谈会。毛泽东发表讲话,阐明革命文艺为人民服务首先是为工农兵服务的根本方向。

5月—6月　冀中抗日根据地反击5万余日、伪军的"扫荡",歼敌1万余人。

9月1日　中央政治局通过《关于统一抗日根据地党的领导及调整各组织间关系的决定》,规定抗日根据地实行党的一元化领导,中央代表机关及各级党委为各地区的最高领导机关。

1941年—1942年　八路军、新四军和游击队、民兵共作战4.2万余次,毙伤俘日、伪军33.1万余人。敌后军民的反"扫荡"斗争,牵制、消灭了大量日军,成为中国坚持长期抗战最重要的因素,也是对世界反法西斯战争的巨大支持。

1943 年

1 月 15 日 陕甘宁边区政府作出《关于拥护军队的决定》。25 日,八路军留守兵团司令部、政治部作出《关于拥护政府爱护人民的决定》。在中共中央领导下,陕甘宁边区开展了声势浩大的双拥(拥军优属、拥政爱民)群众运动。

3 月 20 日 中央政治局会议通过《关于中央机构调整及精简的决定》,推定毛泽东为中央政治局主席,并决定毛泽东为中央书记处主席;中央书记处由毛泽东、刘少奇、任弼时组成;刘少奇参加中共中央军委并任军委副主席。

6 月 10 日 共产国际正式解散。7 月,国民党顽固派乘共产国际解散之机发动第三次反共高潮。第三次反共高潮没有发展为大规模武装进犯即被制止。

本年 敌后各抗日根据地军民进行反"扫荡"、反"蚕食"、反"清乡"斗争,保卫和扩大根据地,逐步度过严重困难局面。八路军在华北与敌人作战 2.48 万余次,毙伤日、伪军 13.6 万余人,俘 5 万余人,争取伪军反正、日军投降 6600 余人;新四军在华中与日、伪军作战 4500 余次,粉碎敌千人以上"扫荡"30 多次,毙伤俘日、伪军 3.6 万余人,争取伪军反正 9300 余人;华南抗日游击队也粉碎日军"扫荡",巩固和扩大了东江、琼崖抗日根据地。

1944 年

5 月 11 日 在豫湘桂正面战场出现国民党军队大溃退的情况下，中共中央发出指示，要求在河南地区组织抗日游击队和人民武装，建立抗日根据地。7 月至 10 月，八路军、新四军先后建立和扩大豫东、豫中、豫西等抗日根据地，恢复豫皖苏抗日根据地，加强华中与华北、陕北战略区的联系。

5 月 21 日—翌年 4 月 20 日 中共扩大的六届七中全会在延安召开。全会通过毛泽东为中央委员会主席的提议，原则通过《关于若干历史问题的决议》，肯定了确立毛泽东在全党的领导地位的重大意义，使全党尤其是党的高级干部对中国民主革命基本问题的认识达到在马克思列宁主义基础上的一致。至此，整风运动胜利结束。整风运动是一次深刻的马克思主义思想教育运动，收到巨大成效。通过整风运动，实现了在以毛泽东同志为核心的党中央领导下全党新的团结和统一，为抗日战争的胜利和新民主主义革命在全国的胜利，奠定了重要的思想政治基础。延安整风运动所积累的经验对党的建设具有重大而深远的意义。

7 月—8 月 中缅印战区美军司令部派遣美军观察组进驻延安。8 月 18 日，中共中央发出《关于外交工作的指示》，阐明党的外交工作的性质、内容和民族立场。全民族抗日战争后期,党已经开始"半独立性的外交"工作。

9 月 15 日 中共代表林伯渠在国民参政会上提出立即结束国民党一党统治、建立各抗日党派民主联合政府的主张。

9 月 中央警备团战士张思德在陕北安塞烧木炭时牺牲。毛泽东在追悼会上发表《为人民服务》的讲演,指出:"我们为人民而死,就是死得其所。"

11 月 由八路军第三五九旅主力 4000 余人加上中共中央选派到南方工作的干部共约 5000 人,组成南下支队由延安出发,向豫、鄂、湘、粤敌后挺进,开辟新的抗日根据地。

12 月 新四军第一师主力由苏中渡江南下,执行向东南敌后发展、控制苏浙皖边和发展浙东沿海地区的战略任务。

本年 中国共产党领导敌后军民在华北、华中、华南地区发起局部反攻,歼灭日、伪军近 20 万人,收复大片国土,解放人口 1700 多万。

1945 年

春夏 中国共产党领导人民抗日武装继续进行攻势作战,抗日力量和抗日根据地不断发展,为转入全面反攻、夺取抗战最后胜利创造了有利条件。

4 月 23 日—6 月 11 日 中国共产党第七次全国代表大会在延安举行。出席大会的正式代表 547 人,候补代表 208 人,代表全国 121 万党员。毛泽东致开幕词,向大会提交《论联合政府》政治报告并作口头报告,朱德作《论解放区战场》军事报告,刘少奇作《关于修改党章的报告》,周恩来作《论统一战线》发言。大会提出党的政治路线,把党在长期奋斗中形成的优良作风概括为三大作风。七大是党在新民主主义革命时期召开的一次极其重要的全国代表大会,以"团结的大会,胜利的大会"载入党的史册。大会选举产生新的中央委员会。大会把毛泽东思想确立为全党的指导思想并载入党章。

4 月 25 日—6 月 26 日 包括中共代表董必武在内的中国代表团出席在美国旧金山召开的联合国制宪会议,并在《联合国宪章》上签字。中国成为联合国的创始会员国之一和安理会五个常任理事国之一。

6 月 19 日 中共七届一中全会选举毛泽东、朱德、刘少奇、周恩来、任弼时为中央书记处书记,毛泽东为中央委员会主席、中央政治局主席、中央书记处主席。8月,中央政治局会议决定毛泽东为中央军事委员会主席,朱德、刘少奇、周恩来、彭德怀为副主席。

8月9日 毛泽东发表《对日寇的最后一战》的声明。随后,朱德发布七道全面反攻命令。中国抗日战争进入全面反攻阶段。

8月15日 日本天皇裕仁以广播形式发布《终战诏书》。日本无条件投降。

8月28日 毛泽东、周恩来、王若飞赴重庆与国民党代表进行和平谈判(重庆谈判)。10月10日,国共双方签署《政府与中共代表会谈纪要》(双十协定)。

8月 中共晋冀鲁豫中央局成立。解放战争时期,中共中央还成立(或重新成立)了晋察冀中央局、冀热辽分局、冀察热辽分局、东北局、北满分局、西满分局、辽东(南满)分局、东满分局、华东局、华中分局、华中工委、山东分局、鄂豫皖中央局、中原局、豫皖苏分局、华中局、华北局、南方工委、重庆(南方)局、南京局、上海分局、上海局、香港分局、华南分局;西北局、晋绥分局的组织机构继续保持。

9月2日 日本代表在投降书上签字。侵华日军128万人向中国投降。至此,中国抗日战争胜利结束,世界反法西斯战争也胜利结束。9月3日成为中国人民抗日战争胜利纪念日。10月25日,中国政府在台湾举行受降仪式。被日本占领50年之久的台湾以及澎湖列岛,重归中国主权管辖之下。中国人民抗日战争是近代以来中国人民反抗外敌入侵持续时间最长、规模最大、牺牲最多的民族解放斗争，也是第一次取得完全胜利的民族解放斗争。中国人民抗日战争的胜利，成为中华民族走向复兴的历史转折点，也对世界文明进步具有重大而深远的意义。中国人民在抗日战争中付出了巨大的民族牺牲。据不完全统计，战争期间中国军民伤亡3500多万人；按1937年的比值折算，中国直接经济损失1000多亿美元，间接经济损失5000多亿美元。中国共产党在全民族抗战中发挥了中流砥柱作用。这是中国人民抗日战争取得完全胜利的决定性因素。八路军、新四军和其他人民抗日武装对敌作战12.5万余次，钳制和歼灭日军大量兵力，歼灭大部分伪军，敌后战场逐渐成为中国人民抗日战争的主战场。到抗战结束时，人民军队发展到约132万人，民兵发展到260余万人；中国共产党领导的抗日民主根据地即解放区已有19块，面积达到近100万平方公里，人口近1亿。中国共产党在全国社会政治生活中所占的比重，和抗日战争前相比大大增加。这为在取得中国人民抗日战争伟大胜利基础上，最终取得新民主主义革命胜利，创造了前所未有的有利条件。中国人民在抗日战争的壮阔进程中孕育出伟大抗战精神，向世界展示了天下兴亡、匹夫有责的爱国情怀，视死如归、宁死不屈的民族气节，不畏强暴、血战到底的英雄气概，百折不挠、坚忍不拔的必胜信念。

9月19日　中共中央提出"向北发展，向南防御"的战略方针，强调全党全军目前的主要任务是完全控制热河、察哈尔两省，发展东北力量并争取控制东北。为此，派出2万名干部和11万人的军队进入东北，包括10名中央委员、10名中央候补委员。

9月21日　中央书记处发出《关于扩兵与编组野战军的指示》。通过编组野战军或野战兵团,从组织体制上完成了由游击战向运动战的战略转变。

1946 年

1月5日　国共双方达成关于停止国内军事冲突的协定。10日,双方下达停战令。

1月上旬　中共代表周恩来同国民党政府代表张群(后为张治中等)和奉命来华"调处"国共争端的美国总统特使马歇尔(后曾由吉伦接替)组成"三人会议",会商解决国内军事冲突及有关事项。就恢复交通、军队整编统编、东北停战等问题反复磋商,达成部分协议。但由于国民党没有和谈诚意,"三人会议"难以为继,6月下旬之后不再活动。

1月10日—31日　政治协商会议在重庆召开。国民党、共产党、民主同盟、青年党和无党派人士代表参加,通过政府组织案、国民大会案、和平建国纲领、军事问题案、宪法草案案五项协议。

5月4日　中共中央作出《关于土地问题的指示》(五四指示),将全民族抗战时期的减租减息改变为"耕者有其田"政策,并指出解决解放区的土地问题是党目前最基本的历史任务。各解放区迅速开展土地改革运动。

6月26日　国民党撕毁停战协定和政协协议,以22万人悍然进攻中原解放区。其后,国民党军向其他解放区展开大规模进攻。全面内战由此爆发。

7月20日　中共中央发布《以自卫战争粉碎蒋介石的进攻》党内指示。

8月6日　毛泽东同美国记者安娜·路易斯·斯特朗谈话时提出"一切反动派都是纸老虎"的著名论断。毛泽东说，反动派总有一天要失败，我们总有一天要胜利。这原因不是别的，就在于反动派代表反动，而我们代表进步。

11月21日　中共中央在延安召开会议，决定用"打倒蒋介石"作为最后解决国内问题的方针。

12月30日　为抗议驻华美军强暴北京大学先修班一女学生，北平学生举行示威游行。抗议驻华美军暴行的运动由此掀起。31日，中共中央指示国民党统治区的地下党组织，发动各大城市群众响应北平学生运动。到1947年1月10日，抗暴斗争扩展到14个省26个城市，参加罢课、游行等的学生总数达50万人。

1947 年

2 月 国民党政府先后通知共产党驻南京、上海、重庆等地担任谈判联络工作的代表全部撤回。3 月上旬,共产党驻上述三地人员分别撤回延安。国共关系完全破裂。

3 月 18 日—19 日 中央机关和陕甘宁边区部队撤出延安,开始转战陕北。此前,3 月 13 日,蒋介石令胡宗南率 25 万军队从南、西、北三面进攻陕北解放区。国民党军的全面进攻改为向陕北、山东的重点进攻。

3 月 29 日—30 日 中央政治局会议在陕北清涧枣林沟召开,讨论中央机关行动问题。不久,中央机关分为三部分,由刘少奇、朱德等组成中央工作委员会,到华北进行中央委托的工作;毛泽东、周恩来、任弼时率中央和人民解放军总部的精干机关,继续留在陕北,指挥全国各战场作战;叶剑英、杨尚昆主持的中央后方委员会,转移到晋西北统筹后方工作。

5 月 1 日 内蒙古自治政府正式成立,乌兰夫为政府主席。这是中国共产党领导的第一个省级少数民族自治政府。

5 月 20 日 南京、上海、苏州、杭州学生 5000 余名走上南京街头,举行"挽救教育危机联合大游行",高呼"反饥饿"、"反内战"等口号,遭到反动当局镇压。同日,北平 7000 余名学生也举行了"反饥饿"、"反内战"示威大游行(五二〇运动）。学生运动的高涨促进了整个人民运动的高涨。1947年,全国20多个大中城市中先后有300余万工人罢工。在农村,广大农民反抗抓丁、征粮和征税。在共产党领导和推动下,以学生为先锋的爱国民主运动同国民党政府之间的斗争,逐步形成配合人民解放战争的第二条战线。

6月30日 刘伯承、邓小平率领晋冀鲁豫野战军主力强渡黄河,揭开战略进攻的序幕。8月底,刘邓大军千里跃进到大别山区。8月下旬,陈赓、谢富治率领晋冀鲁豫野战军一部渡过黄河,挺进豫西。9月,陈毅、粟裕率领华东野战军主力越过陇海铁路南下,进入豫皖苏平原。三路大军打到外线,布成"品"字形阵势。

7月17日—9月13日 全国土地会议在河北建屏西柏坡(今属平山)召开。会议由刘少奇主持,制定《中国土地法大纲》。10月10日,中央批准发布。《中国土地法大纲》是一个彻底反封建的土地革命纲领。它规定:"废除封建性及半封建性剥削的土地制度,实行耕者有其田的土地制度。"大纲公布后,解放区迅速形成土地改革热潮。

7月21日—23日 中共中央在陕北靖边小河村召开扩大会议,着重讨论战略进攻的部署和解放区土地改革、财政金融工作等问题。毛泽东提出计划用五年时间(从1946年7月算起)解决同蒋介石斗争的问题。

10月10日 中国人民解放军总部发表宣言,提出"打倒蒋介石,解放全中国"的口号。

秋—翌年底 根据全国土地会议关于整党工作的部署,各解放区采取党内党外结合等方法,普遍开展以"三查"(查阶级、查思想、查作风）、"三整"（整顿组织、整顿思想、整顿作风）为基本内容的整党运动，使农村基层党组织在思想上、政治上、组织上获得很大进步，党同群众的联系更加紧密。

12月25日—28日　中共中央在陕北米脂杨家沟召开扩大会议（十二月会议）。会议通过毛泽东提交的《目前形势和我们的任务》书面报告。报告阐明党的最基本的政治纲领和新民主主义革命的三大经济纲领，提出十大军事原则。

冬—翌年秋　解放军利用战斗间隙，从阶级教育入手，运用诉苦（诉旧社会和反动派给予劳动人民之苦）、"三查"（查阶级、查工作、查斗志）、"三整"（整顿组织、整顿思想、整顿作风）等方法，普遍开展新式整军运动。

1948 年

3 月 23 日　毛泽东、周恩来、任弼时率中央机关和解放军总部东渡黄河,与中央后方委员会会合,后到达西柏坡,与中央工作委员会会合。中央工作委员会和中央后方委员会即行撤销。

4 月 30 日　中共中央发出纪念五一国际劳动节口号,号召召开新的政治协商会议,筹建民主联合政府。各民主党派、各阶层代表人士热烈响应,通过各种渠道纷纷进入解放区,在共产党领导下,参与筹备召开新政协、建立新中国的工作。

5 月 9 日　中共中央决定将晋察冀和晋冀鲁豫两个解放区及其领导机构合并,组成华北局(刘少奇兼任第一书记)、华北联合行政委员会。9 月 26 日,华北人民政府正式成立,董必武任主席。

6 月　《人民日报》创刊。1949 年 8 月正式成为中共中央机关报。

8 月—翌年 9 月　中共中央香港分局和香港工委组织护送民主人士北上达 20 多次。沈钧儒、李济深、张澜、黄炎培、章伯钧等 350 多人,加上党内干部共 1000 多人,辗转到达北平,为新政协会议的召开提供了重要保证。

9 月 8 日—13 日　中央政治局扩大会议在西柏坡召开。

会议提出建设 500 万解放军,用五年左右时间(从 1946 年 7 月算起)从根本上打倒国民党反动统治的战略任务。

9 月 12 日—11 月 2 日 林彪、罗荣桓率东北野战军主力和地方武装进行辽沈战役。东北全境解放。到 11 月,解放军的总兵力增加到 310 万人,国民党军队的总兵力下降到 290 万人。从此,解放军不但在质量上占有优势,而且在数量上也取得优势。中国人民革命的军事形势达到一个新的转折点。

9 月 16 日—24 日 华东野战军进行济南战役,解放济南。

9 月 20 日 中共中央作出关于健全党委制的决定,指出党委制是保证集体领导、防止个人包办的重要制度,要建立健全的党委会议制度。

秋—翌年夏 在共产党领导下,中华全国民主妇女联合会、中华全国文学艺术界联合会等人民团体纷纷建立和扩大。

11 月 1 日 中央军委发出《关于统一全军组织及部队番号的规定》,要求团和分区以上各部队番号均冠以"中国人民解放军"字样。

11 月 6 日—翌年 1 月 10 日 由刘伯承、陈毅、邓小平、粟裕、谭震林组成,以邓小平为书记的总前敌委员会,率华东野战军和中原野战军及部分地方武装进行淮海战役。长江中下游以北广大地区解放。

11 月 29 日—翌年 1 月 31 日 林彪、罗荣桓、聂荣臻等率东北野战军和华北军区第二、第三兵团以及华北、东北军区地方部队进行平津战役。华北全境基本解放。其间,1949 年 1 月 31 日北平和平解放。辽沈、淮海、平津三大战役,是解放军与国民党军主力进行的战略决战,共歼敌154万余人。至此,蒋介石赖以维护其统治的主要军事力量被基本消灭,解放军进抵长江,全国处于革命胜利的前夜。

12月1日 中国人民银行成立并发行人民币。

12月30日 毛泽东为新华社撰写《将革命进行到底》的新年献词。

本年 中共中央连续发出指示,要求在全党各级组织中建立请示报告制度,加强党的集中统一领导。

1949 年

1 月 15 日 中央军委进一步作出关于全军组织编制、番号的决定:西北、中原、华东、东北野战军依次改为第一、第二、第三、第四野战军。同月,华北军区主力部队直属解放军总部。在南方坚持游击战争的人民武装,相继整编为闽粤赣边纵队、粤赣湘边纵队、桂滇黔边纵队、闽浙赣边纵队等。其他游击队也陆续进行整编。到渡江战役前夕,南方游击部队包括长期坚持海南岛斗争的琼崖纵队发展到 5 万多人。

1 月 31 日—2 月 7 日 毛泽东、刘少奇、朱德、周恩来、任弼时等与抵达西柏坡的联共(布)中央政治局委员米高扬举行多次会谈,阐明中国革命发展形势、新中国的政权性质及内政外交政策,争取苏联对中国革命的理解和支持。毛泽东在会见米高扬时提出"打扫干净屋子再请客"的方针,在此前后还提出"另起炉灶"和"一边倒"的方针,由此奠定了新中国外交政策的基础。

3 月 5 日—13 日 中共七届二中全会在西柏坡召开。全会规定党在全国胜利后在政治、经济、外交方面应当采取的基本政策,指出中国由农业国转变为工业国、由新民主主义社会转变为社会主义社会的发展方向。全会讨论确定了党的工作重心由乡村转移到城市的问题。毛泽东在全会上提出"两个务必"思想,即:"务必使同志们继续地保持谦虚、谨慎、不骄、不躁的作风,务必使同志们继续地保持艰苦奋斗的作风。"

3月23日 毛泽东率领中央机关离开西柏坡,向北平进发。毛泽东对周恩来说,今天是进京的日子,进京"赶考"去。我们决不当李自成,我们都希望考个好成绩。25日,毛泽东等中央领导人与中央机关、人民解放军总部进驻北平。

4月1日 以周恩来为首的中共代表团同国民党政府代表团在北平进行和平谈判。经过协商,中共代表团于15日提出《国内和平协定》(最后修正案),并宣布4月20日为最后签字时间。国民党政府拒绝接受。解放军遂发起渡江战役,国民党政府"划江而治"的图谋破产。

4月21日 毛泽东、朱德发布《向全国进军的命令》。20日夜至21日,由刘伯承、陈毅、邓小平、粟裕、谭震林组成的总前敌委员会(邓小平为书记)指挥的第二、第三野战军,在第四野战军先遣兵团和中原军区部队配合下,发起渡江战役。百万雄师强渡长江。23日解放南京,延续22年的国民党统治宣告覆灭。5月27日解放上海。第四野战军先遣兵团于5月横渡长江,解放武汉三镇。随后,解放军各路大军继续向东南、中南、西北、西南进军。

6月30日 毛泽东发表《论人民民主专政》一文,公开阐明中国共产党在建立新中国问题上的主张,指出人民民主专政需要工人阶级的领导。

6月—8月 刘少奇率中共代表团秘密访问苏联,会见联共(布)领导人斯大林、莫洛托夫、马林科夫、米高扬等,向联共(布)中央通报中国革命战争即将取得胜利并将召开新的政治协商会议,成立联合政府。双方就将来的外交关系、苏联对中国经济和国防建设的援助等问题交换意见,初步达成部分协议。

8月14日—9月16日 毛泽东连续为新华社撰写《丢掉幻想,准备斗争》等五篇评论,揭露美国对华政策的帝国主义本质,批评国内一部分人对帝国主义不切实际的幻想,并对中国革命的发生和胜利的原因作理论上的说明。

9月21日—30日 中国人民政治协商会议第一届全体会议在北平举行。出席会议的代表共662人。会议通过起临时宪法作用的《中国人民政治协商会议共同纲领》以及《中国人民政治协商会议组织法》、《中华人民共和国中央人民政府组织法》等文件。会议决定国都定于北平,北平改名为北京;纪年采用公元;以《义勇军进行曲》为代国歌;国旗为五星红旗。会议选举出中央人民政府委员会,毛泽东为中央人民政府主席,朱德、刘少奇、宋庆龄、李济深、张澜、高岗为副主席。中国人民政治协商会议的举行,标志着一百多年来中国人民争取民族独立和人民解放运动取得了历史性的伟大胜利,标志着爱国统一战线和全国人民大团结在组织上完全形成,标志着中国共产党领导的多党合作和政治协商制度正式确立。毛泽东在开幕词中向全世界宣告:“占人类总数四分之一的中国人从此站立起来了。”

10月1日 中华人民共和国中央人民政府成立。下午2时,中央人民政府委员会召开第一次会议,一致决议接受《共同纲领》为施政纲领,任命周恩来为中央人民政府政务院总理兼外交部部长,毛泽东为人民革命军事委员会主席,朱德为人民解放军总司令。下午 3 时,庆祝中华人民共和国中央人民政府成立典礼在北京天安门广场隆重举行。毛泽东宣告中央人民政府成立。之后,举行盛大阅兵仪式和群众游行。12月 2 日,中央人民政府委员会第四次会议决定,每年的 10 月 1 日为中华人民共和国国庆日。中华人民共和国的成立,彻底结束了旧中国半殖民地半封建社会的历史,彻底结束了旧中国一盘散沙的局面,彻底废除了列强强加给中国的不平等条约和帝国主义在中国的一切特权,实现了中国从几千年封建专制政治向人民民主的伟大飞跃,实现了中国高度统一和各民族空前团结,中华民族发展进步从此开启新纪元。中国共产党成为在全国范围执掌政权的党。

10 月 2 日 苏联政府决定同新中国建立外交关系。3日,周恩来复电表示,欢迎立即建立中华人民共和国与苏联之间的外交关系,并互派大使。1964 年 1 月 27 日,中国同法国建交。法国成为第一个与新中国正式建交的西方大国。到2021 年 6 月,中国已同 180 个国家建立外交关系。

10 月 9 日 中国人民政治协商会议第一届全国委员会第一次会议举行。会议选举毛泽东为政协第一届全国委员会主席。

10 月 21 日 中央人民政府政务院成立。

10 月 25 日 中央人民政府海关总署成立。1950 年 1 月6 日,北京市军事管制委员会颁发布告,宣布收回在京的外国兵营地产,征用兵营及其他建筑。天津、上海等地也先后收回、征用外国兵营地产。1950 年 7 月,政务院财政经济委员会发布关于统一航运管理的指示。外国在中国大陆的军事特权和经济特权全部被取消。

11 月 9 日　中共中央决定成立中央及各级党的纪律检查委员会,朱德兼任中央纪律检查委员会书记。

同日　中共中央作出《关于在中央人民政府内组织中国共产党党委会的决定》和《关于在中央人民政府内建立中国共产党党组的决定》。各级政府机关普遍建立党的组织,加强党的领导。

11 月 11 日　中国人民解放军空军领导机构成立。在此前后,海军、炮兵等军兵种部队及领导机构成立。

11 月 21 日　北京市第二届各界人民代表会议通过封闭妓院的决议。随后,全国各地相继采取行动封闭妓院。1950年 2 月 24 日,政务院发布《关于严禁鸦片烟毒的通令》,禁止贩运制造及售卖、吸食烟毒。人民政府还开展了严禁赌博的斗争。经过三年左右的努力,曾在旧中国屡禁不止的娼、毒、赌等社会顽疾基本禁绝。

12 月 2 日　中央人民政府委员会第四次会议决定发行人民胜利折实公债;分别通过省、市、县各界人民代表会议组织通则。地方各级各界人民代表会议先后由各地人民政府召开,代行人民代表大会职权,成为人民代表大会召开前的一种过渡形式。

12 月 6 日　政务院文化教育委员会成立办理留学生回国事务委员会。1949 年 8 月至 1955 年 11 月,李四光、华罗庚、钱学森等共计 1536 名高级知识分子从海外回国参加建设。

12 月 23 日—31 日　第一次全国教育工作会议召开。会议提出教育必须为国家建设服务,学校必须为工农开门。1950 年 9 月,第一次全国工农教育会议召开,提出"推行识字教育,逐步减少文盲"的口号。1952 年 11 月,中央人民政府扫除文盲工作委员会成立。群众性的扫盲运动有计划、有步骤地在全国大规模展开。

1950 年

2 月 14 日　中国同苏联签订《中苏友好同盟互助条约》及有关协定。1949 年 12 月至 1950 年 2 月,毛泽东对苏联进行为期两个多月的访问。

3 月 3 日　政务院作出《关于统一国家财政经济工作的决定》,以遏制通货膨胀,稳定物价,实现国家财政收支平衡。

5 月 1 日　中共中央发出《关于在全党全军开展整风运动的指示》。全党开展以提高干部和一般党员的思想水平和政治水平,克服工作中所犯的错误,克服居功自傲和官僚主义、命令主义,改善党和人民的关系为主要任务的整风运动。年底,整风运动结束。

同日　新中国成立后制定的第一部法律——《中华人民共和国婚姻法》公布施行,规定实行男女婚姻自由、一夫一妻、男女权利平等、保护妇女和子女合法利益的新婚姻制度。

同日　人民解放军解放海南岛。新中国成立后,人民解放军向华南、西南等地和沿海岛屿的国民党军队残余力量展开最后的围歼。到 1950 年 6 月,解放了除西藏、台湾和部分沿海岛屿以外的广大国土。

6 月 6 日—9 日　中共七届三中全会召开。毛泽东提交《为争取国家财政经济状况的基本好转而斗争》书面报告,并发表《不要四面出击》讲话。

6月29日 《中华人民共和国工会法》公布施行。

6月30日 《中华人民共和国土地改革法》公布施行。到1952年底，除一部分少数民族地区外，土地改革在中国大陆基本完成，封建土地所有制被彻底摧毁。

8月7日—19日 第一届全国卫生会议召开。会议确定"面向工农兵"、"预防为主"、"团结中西医"为新中国卫生工作三大原则。

10月上旬 应朝鲜党和政府的请求，中共中央作出抗美援朝、保家卫国的战略决策。10月8日，毛泽东发布命令，组成中国人民志愿军，彭德怀为司令员兼政治委员。19日，中国人民志愿军进入朝鲜战场。25日，志愿军与敌军遭遇，打响出国作战的第一次战役。全国掀起大规模抗美援朝运动。1953年7月27日，《关于朝鲜军事停战的协定》签署。到1958年10月，中国人民志愿军分三批全部撤出朝鲜回国。抗美援朝战争伟大胜利，是中国人民站起来后屹立于世界东方的宣言书，是中华民族走向伟大复兴的重要里程碑。抗美援朝战争中，英雄的中国人民志愿军始终发扬祖国和人民利益高于一切、为了祖国和民族的尊严而奋不顾身的爱国主义精神，英勇顽强、舍生忘死的革命英雄主义精神，不畏艰难困苦、始终保持高昂士气的革命乐观主义精神，为完成祖国和人民赋予的使命、慷慨奉献自己一切的革命忠诚精神，为了人类和平与正义事业而奋斗的国际主义精神，锻造了伟大抗美援朝精神。

10月10日 中共中央发出《关于镇压反革命活动的指

示》。到 1951 年 10 月底,全国规模的镇压反革命运动基本结束。

10 月 14 日　政务院作出《关于治理淮河的决定》。1951年,毛泽东题词"一定要把淮河修好"。到 1957 年冬,治淮工程初见成效。

11 月 3 日　政务院发出《关于加强人民司法工作的指示》,要求在全国范围内逐步建立和健全人民司法制度。

11 月 24 日　政务院第六十次政务会议批准《培养少数民族干部试行方案》和《筹办中央民族学院试行方案》。1951年 6 月,中央民族学院开学。

1951 年

3 月 5 日 中共中央发出《关于积极推进宗教革新运动的指示》，强调贯彻党的宗教政策，团结宗教界最大多数，发展和巩固全国宗教界的统一战线。

3 月 28 日—4 月 9 日 中共中央召开第一次全国组织工作会议。会议通过《关于整顿党的基层组织的决议》。整党从 1951 年下半年开始，到 1954 年春基本结束。

5 月 23 日 中央人民政府和西藏地方政府在北京签订《关于和平解放西藏办法的协议》（"十七条协议"），宣告西藏和平解放。10 月 26 日，人民解放军进藏部队进驻拉萨。

9 月 20 日—30 日 中共中央召开全国第一次互助合作会议。会议通过《关于农业生产互助合作的决议（草案）》。会后，农业生产互助合作运动很快开展起来。经过一年多的试点，1953 年 2 月 15 日，中共中央将决议草案通过为正式决议。

9 月 29 日 周恩来在北京、天津高等学校教师学习会上作《关于知识分子的改造问题》报告。11 月 30 日，中共中央发出《关于在学校中进行思想改造和组织清理工作的指示》。知识分子思想改造运动广泛开展起来，到 1952 年秋基本结束。

10 月　《毛泽东选集》第一卷出版。第二至第四卷分别于 1952 年、1953 年、1960 年出版。

12 月 1 日　中共中央作出《关于实行精兵简政、增产节约、反对贪污、反对浪费和反对官僚主义的决定》。"三反"运动在全国展开,到 1952 年 10 月结束。运动中抓住重大典型案件严肃处理,先后任天津地委书记的刘青山、张子善被查处并判处死刑。

1952 年

1 月 26 日　中共中央发出《关于首先在大中城市开展"五反"斗争的指示》,要求在全国大中城市向违法的资本家开展反对行贿、反对偷税漏税、反对盗骗国家财产、反对偷工减料和反对盗窃经济情报的斗争。"五反"运动到 1952 年 10 月结束。

4 月 5 日　治理开发长江的第一个大型工程——荆江分洪第一期工程全面开工。到 1978 年底,新安江水电站、黄河三门峡水利枢纽、黄河青铜峡水利枢纽、丹江口水利枢纽、黄河刘家峡水利枢纽等一批水利工程陆续建成。

4 月 21 日　《中华人民共和国惩治贪污条例》公布施行。

6 月 10 日　毛泽东为中华全国体育总会成立大会题词"发展体育运动,增强人民体质"。1954 年 1 月 8 日,中共中央批转中央人民政府体育运动委员会党组《关于加强人民体育运动工作的报告》,指出:"改善人民的健康状况,增强人民体质,是党的一项重要政治任务。"

7 月 1 日　成渝铁路建成通车。这是新中国成立后完全采用国产材料自行修建的第一条铁路干线。到 1978 年底,宝成、鹰厦、包兰、兰新、成昆、湘黔等铁路陆续建成。

8 月 9 日　《中华人民共和国民族区域自治实施纲要》公

布施行,对民族自治地方的建立、自治机关的组成和自治权利等重要问题作出明确规定。此前,成立于 1947 年 5 月 1 日的内蒙古自治政府于 1949 年 12 月 2 日改称内蒙古自治区人民政府。1955 年 10 月 1 日,新疆维吾尔自治区成立。1958 年 3 月 5 日,广西僮族自治区成立(1965 年 10 月 12 日改称广西壮族自治区)。1958 年 10 月 25 日,宁夏回族自治区成立。1965 年 9 月 9 日,西藏自治区成立。

年底 国民经济获得全面恢复和初步增长。工农业总产值 810 亿元,按可比价格计算,比 1949 年增长 77.6%。

1953 年

3 月 1 日 《中华人民共和国全国人民代表大会及地方各级人民代表大会选举法》公布施行。经过一年多的工作，全国进行基层选举的单位为 21.4 万余个，登记选民总数为 3.23 亿多人，选举出基层人民代表大会代表，并逐级召开地方各级人民代表大会。在此基础上，选举产生出席全国人民代表大会的代表。

4 月 3 日 政务院发出《为准备普选进行全国人口调查登记的指示》。以 1953 年 6 月 30 日 24 时为标准时间，全国开展人口调查登记。1954 年 11 月 1 日公布调查登记结果，全国人口总数为 601938035 人。

5 月 15 日 中苏两国政府签订《关于苏维埃社会主义共和国联盟政府援助中华人民共和国中央人民政府发展中国国民经济的协定》，规定苏联援助中国建设 91 个工业项目。加上 1950 年已确定的 50 项和 1954 年增加的 15 项，共 156 项。后多次调整，确定 154 项，实际施工 150 项。因 156 项公布在先，仍称"156 项工程"。

6 月 15 日 中央政治局召开会议。会议确定对资本主义工商业实行利用、限制和改造的方针。毛泽东第一次比较完整地阐述了党在过渡时期总路线和总任务的基本内容。12

月 28 日,中共中央批转中央宣传部《为动员一切力量把我国建设成为一个伟大的社会主义国家而斗争——关于党在过渡时期总路线的学习和宣传提纲》。

10 月 16 日 中共中央作出《关于实行粮食的计划收购与计划供应的决议》。11 月 15 日,作出《关于在全国实行计划收购油料的决定》。1954 年 9 月,政务院下达对棉布实行计划收购和计划供应、对棉花实行计划收购的命令。国家对粮食等主要农产品实行统购统销政策,并延续到 20 世纪 80 年代中期,之后逐步取消。

11 月 24 日 中共中央作出《关于加强干部管理工作的决定》,对党管干部原则作出明确规定。

12 月 7 日—翌年 1 月 26 日 全国军事系统党的高级干部会议召开。会议根据毛泽东的指示,明确提出建设优良的现代化的革命军队的总方针总任务。

12 月 26 日 鞍山钢铁公司三大工程——大型轧钢厂、无缝钢管厂、七号炼铁炉举行开工生产典礼。到 1978 年底,武汉钢铁联合企业、包头钢铁公司、攀枝花钢铁公司等钢铁企业陆续建成。

本年 全国高等学校院系调整工作基本完成。调整后的高等院校大幅度扩大招生,适应了工业化建设对专业人才的急迫需要。

本年 我国开始执行发展国民经济的第一个五年计划。到 2021 年 6 月,共编制执行十四个五年计划、规划。

1954 年

2 月 6 日—10 日　中共七届四中全会召开。全会通过《关于增强党的团结的决议》。

4 月 15 日　中共中央、中央人民政府人民革命军事委员会颁布新中国成立后第一部《中国人民解放军政治工作条例（草案）》。

4 月 26 日—7 月 21 日　周恩来率中国代表团参加讨论和平解决朝鲜问题和恢复印度支那和平问题的日内瓦会议。这是新中国首次作为五大国之一参加重要国际会议。

6 月 28 日、29 日　周恩来在访问印度、缅甸期间，分别与印度总理尼赫鲁和缅甸总理吴努发表《联合声明》，共同倡导和平共处五项原则。此前，1953 年 12 月 31 日，周恩来在接见参加中印有关问题谈判的印度代表团时首次提出和平共处五项原则。

6 月—9 月　长江、淮河流域发生百年未遇的大水灾。灾区党委和政府迅速动员，组织群众转移，开展以工代赈、生产自救，取得抗洪斗争的胜利。

7 月　南昌飞机制造厂试制成功初教－5 教练机。到1978 年底，新中国先后试制成功歼－5 型、运－5 型、直－5 型、轰－5 型飞机等。

9 月 15 日—28 日 一届全国人大一次会议举行。会议通过《中华人民共和国宪法》;选举毛泽东为国家主席,刘少奇为全国人大常委会委员长;决定周恩来为国务院总理;决定设立国防委员会,毛泽东兼任国防委员会主席。全国人民代表大会的召开,标志着人民代表大会制度在全国范围内建立起来。

9 月 28 日 中央政治局作出《关于成立党的军事委员会的决议》。毛泽东任中央军事委员会主席,彭德怀主持军委日常工作。

10 月 7 日 新疆军区遵照军委总参谋部 8 月 6 日的批复公布成立新疆军区生产建设兵团。1975 年 3 月,兵团撤销,成立新疆维吾尔自治区农垦总局。1981 年 12 月 3 日,中共中央、国务院、中央军委作出《关于恢复新疆生产建设兵团的决定》。

12 月 21 日—25 日 全国政协二届一次会议举行。周恩来作政治报告,指出,由于一届全国人大一次会议已经召开,政协代行全国人大职权的政权机关的作用已经失去,但政协本身的统一战线作用仍然存在。会议推举毛泽东为全国政协名誉主席,选举周恩来为主席;通过《中国人民政治协商会议章程》。

12 月 25 日 康藏(后改为川藏)公路和青藏公路全线通车。此前,毛泽东题词:"庆贺康藏、青藏两公路的通车,巩固各民族人民的团结,建设祖国!"此后,新藏、滇藏等公路陆续建成。

1955 年

1 月 15 日 中央书记处扩大会议召开,作出中国要发展原子能事业的战略决策。

1 月 18 日 人民解放军解放一江山岛。2 月 13 日至 26 日,解放大陈岛及外围列岛。至此,浙江沿海岛屿全部解放。

3 月 21 日—31 日 中国共产党全国代表会议举行。会议通过《关于成立党的中央和地方监察委员会的决议》等。董必武任中央监察委员会书记。原有的中央及地方各级党的纪律检查委员会撤销。

4 月 18 日—24 日 周恩来率中国代表团出席在印度尼西亚万隆召开的有 29 个国家参加的亚非会议。中国代表团本着"求同存异"的方针,同其他与会国家一起,共同倡导形成"万隆精神"。通过这次会议,中国打开了与亚非国家广泛交往的大门。

5 月 13 日 周恩来在一届全国人大常委会第十五次扩大会议上作《关于亚非会议的报告》,指出,中国人民愿意在可能的条件下,争取用和平的方式解放台湾。

7 月 30 日 一届全国人大二次会议通过《中华人民共和国兵役法》。人民解放军由志愿兵役制改为义务兵役制。此前,自 1955 年 1 月起,人民解放军开始实行军官薪金制。

9 月　中国人民解放军开始实行军衔制度。朱德、彭德怀、林彪、刘伯承、贺龙、陈毅、罗荣桓、徐向前、聂荣臻、叶剑英被授予中华人民共和国元帅军衔。到 1965 年取消军衔制度止，共授元帅 10 名、大将 10 名、上将 57 名、中将 177 名、少将 1360 名。

12 月　《列宁全集》中文第一版第一卷出版。到 1963 年 2 月，共 39 卷陆续出版。

1956 年

1 月 14 日—20 日　中共中央召开关于知识分子问题的会议。周恩来代表中共中央作《关于知识分子问题的报告》，充分肯定知识分子在社会主义建设中的作用，宣布知识分子的绝大部分已经是工人阶级的一部分，提出制定科学技术发展远景规划的任务，向全国人民发出"向现代科学进军"的号召。毛泽东在会议最后一天讲话，号召全党努力学习科学知识，同党外知识分子团结一致，为迅速赶上世界科学先进水平而奋斗。

1 月 15 日　北京各界 20 多万人在天安门广场举行大会，庆祝北京市农业、手工业全部实现合作化和在全国第一个实现资本主义工商业的全行业公私合营。到年底，生产资料私有制的社会主义改造取得决定性胜利。

1 月 23 日　中央政治局提出《1956 年到 1967 年全国农业发展纲要（草案）》。后经多次变动和修改，1960 年 4 月正式通过并公布。

1 月 27 日　中共中央发出《关于文字改革工作问题的指示》。28 日，国务院第二十三次全体会议通过《国务院关于公布汉字简化方案的决议》、《国务院关于推广普通话的指示》。2 月 9 日，中国文字改革委员会发表《汉语拼音方案（草案)》。

3月6日—15日 中央军委召开扩大会议,首次明确积极防御的战略方针。

4月25日 毛泽东在中央政治局扩大会议上作《论十大关系》报告。报告强调要调动国内外一切积极因素,为建设强大的社会主义国家而奋斗,并初步总结我国社会主义建设经验,提出探索适合中国情况的建设社会主义道路的任务。报告还提出共产党和民主党派"长期共存,互相监督"的方针。

4月28日 毛泽东在中央政治局扩大会议总结讲话中指出,艺术问题上的百花齐放,学术问题上的百家争鸣,应该成为我们的方针。5月2日,毛泽东在最高国务会议第七次会议上正式提出"百花齐放、百家争鸣"的方针。

6月30日 中国第一个自然保护区——广东鼎湖山国家级自然保护区建立。1982年9月,第一个国家森林公园——张家界国家森林公园建立。中国逐步建立自然保护区、森林公园、风景名胜区、自然遗产、地质公园、海洋公园等各级各类自然保护地。

7月13日 长春第一汽车制造厂试制成功第一批国产"解放"牌载重汽车。1958年5月、8月,第一辆国产"东风"牌轿车和"红旗"牌轿车相继下线。

9月15日—27日 中国共产党第八次全国代表大会举行。大会正式代表1026人,候补代表107人,代表全国1073万党员。毛泽东致开幕词,刘少奇作政治报告,周恩来作关于发展国民经济的第二个五年计划的建议的报告,邓小平作关于修改党章的报告。大会指出,社会主义改造已取得决定性胜利,社会主义制度已基本上建立。国内的主要矛盾,已经是人民对于建立先进的工业国的要求同落后的农业国的现实之间的矛盾,已经是人民对于经济文化迅速发展的需要同当前经济文化不能满足人民需要的状况之间的矛盾。党和人民当前的主要任务,就是要集中力量解决这个矛盾,把我国尽快地从落后的农业国变为先进的工业国。大会着重提出加强执政党建设的问题,通过新修订的《中国共产党章程》。

9月28日 中共八届一中全会选举毛泽东为中央委员会主席,刘少奇、周恩来、朱德、陈云为副主席,邓小平为总书记,由上述六人组成中央政治局常务委员会。

12月22日 中共中央同意国务院科学规划委员会党组《关于征求〈1956—1967年科学技术发展远景规划纲要(修正草案)〉意见的报告》。

12月 《马克思恩格斯全集》中文第一版第一卷出版。到1985年12月,共50卷陆续出版。

1957 年

2月27日　毛泽东发表《如何处理人民内部的矛盾》（后改为《关于正确处理人民内部矛盾的问题》）讲话，提出区分和正确处理两类不同性质的社会矛盾，团结全国各族人民发展经济、文化，为建设社会主义事业服务的思想。

4月20日　国务院发出《关于消灭血吸虫病的指示》。此前，毛泽东多次提出，必须消灭血吸虫病。

4月25日　第一届中国出口商品交易会在广州举办（"广交会"）。此后，每年在广州举办春、秋季两次出口商品交易会。从2007年起改称中国进出口商品交易会。

4月27日　中共中央发出《关于整风运动的指示》。以正确处理人民内部矛盾为主题，以反对官僚主义、宗派主义和主观主义为主要内容的整风运动全面展开。在整风过程中，极少数右派分子乘机向党和新生的社会主义制度发动进攻。6月，运动的重点开始由党内整风转向反右派斗争。到1958年夏季，整风运动和反右派斗争完全结束。对右派分子的进攻进行反击是正确和必要的，但反右派斗争被严重扩大化。

10月15日　武汉长江大桥举行通车典礼。这是中国在长江上修建的第一座铁路、公路两用桥梁。

11月2日—21日　毛泽东率中国代表团参加十月革命

胜利 40 周年庆典,并出席在莫斯科召开的社会主义国家共产党和工人党代表会议以及各国共产党和工人党代表会议。

本年 "一五"计划超额完成。"一五"计划取得巨大成就,为中国社会主义工业化奠定了初步基础,为社会主义建设积累了宝贵经验。

1958 年

4 月 7 日　中共中央、国务院发出《关于在全国大规模造林的指示》，要求迅速地大规模发展造林事业。

4 月 22 日　人民英雄纪念碑在天安门广场建成。

5 月 5 日—23 日　中共八大二次会议召开。会议正式通过"鼓足干劲、力争上游、多快好省地建设社会主义"总路线。会后，"大跃进"运动在全国展开。

8 月 17 日—30 日　中央政治局扩大会议在北戴河召开。会后，全国很快掀起大炼钢铁和人民公社化运动的高潮，以高指标、瞎指挥、浮夸风和"共产风"为主要标志的"左"倾错误严重泛滥开来。

9 月 2 日　中国第一座电视台——北京电视台正式开播。1978 年 5 月 1 日，改称中央电视台。

11 月 2 日—10 日　毛泽东在河南郑州召集中央工作会议（第一次郑州会议）。到 1959 年 7 月，中共中央相继召开中共八届六中全会、第二次郑州会议、中共八届七中全会等一系列会议，初步纠正已经察觉到的"大跃进"和人民公社化运动中出现的"左"的错误。

1959 年

3 月 28 日　国务院发布《关于解散西藏地方政府的命令》,决定由西藏自治区筹备委员会行使西藏地方政府职权。此前,3 月 10 日,西藏上层反动集团撕毁关于和平解放西藏办法的"十七条协议",发动武装叛乱。20 日,人民解放军驻藏部队奉命进行平叛作战。22 日,中共中央发出在平叛中实行民主改革的指示。到 1960 年底,西藏民主改革基本完成,彻底摧毁了政教合一的封建农奴制度,实现百万农奴和奴隶翻身解放。

4 月 17 日—29 日　全国政协三届一次会议举行。会议推举毛泽东为全国政协名誉主席,选举周恩来为主席。

4 月 18 日—28 日　二届全国人大一次会议举行。会议选举刘少奇为国家主席,朱德为全国人大常委会委员长,决定周恩来为国务院总理。

7 月 2 日—8 月 1 日　中央政治局扩大会议在江西庐山召开。原定议题是总结"大跃进"以来的经验教训,继续纠正"左"的错误,但会议后期错误地发动了对彭德怀等人的批判。8 月 2 日至 16 日,中共八届八中全会在庐山召开。会后,在全党错误地开展了"反右倾"斗争。

9 月 17 日　刘少奇签署发布《中华人民共和国主席特赦

令》,首批特赦已改恶从善的蒋介石集团和伪满洲国的战争罪犯等。到 1975 年 3 月,共分七批特赦了全部在押战犯并予以公民权。

9 月 26 日 中央军委发出《关于军委组成人员的通知》,毛泽东为中央军委主席。

同日 中国石油地质勘探工作取得重大成果——发现大庆油田,结束了中国贫油的历史。1960 年 2 月,中共中央决定集中力量在大庆地区进行石油勘探开发大会战。以王进喜为代表的大庆石油工人,铸就了爱国、创业、求实、奉献的大庆精神、铁人精神。1964 年 2 月 5 日,中共中央发出《关于传达石油工业部〈关于大庆石油会战情况的报告〉的通知》。"工业学大庆"运动在全国展开。在此前后,中国还开发建设了玉门油矿、胜利油田、大港油田等。

11 月 1 日 第一拖拉机制造厂在河南洛阳建成投产。

1960 年

1 月 28 日　中缅两国签订《中华人民共和国政府和缅甸联邦政府关于两国边界问题的协定》、《中华人民共和国和缅甸联邦之间的友好和互不侵犯条约》。10 月 1 日,双方签订《中华人民共和国和缅甸联邦边界条约》。这是中国与邻国成功解决边界问题的第一例,为以后解决类似问题树立了良好范例。此后,中国又陆续与尼泊尔、蒙古、巴基斯坦和阿富汗等国签订了边界协定或条约。

3 月 22 日　中共中央批转鞍山市委《关于工业战线上的技术革新和技术革命运动开展情况的报告》。毛泽东代中央起草批示,将鞍钢实行的"两参一改三结合"的管理制度称作"鞍钢宪法",要求在工业战线加以推广。

11 月 3 日　中共中央发出《关于农村人民公社当前政策问题的紧急指示信》,要求坚决纠正农村人民公社的"共产风"。

1961 年

1月14日—18日　中共八届九中全会召开。全会通过对国民经济实行"调整、巩固、充实、提高"的方针，国民经济转入调整的轨道。毛泽东在全会及此前召开的中央工作会议上发表讲话，号召全党大兴调查研究之风。会后，中央领导同志相继到基层进行调查研究。到1965年底，国民经济调整任务全面完成。

3月15日—23日　中央工作会议在广州召开。会议讨论并通过《农村人民公社工作条例（草案）》（"农业六十条"），对农村政策进行调整。随后，工业、商业、手工业、科学、教育、文艺领域也进行调整，并相继制定了工作条例。

4月9日　中共中央转发中央精简干部和安排劳动力五人小组《关于调整农村劳动力和精简下放职工问题的报告》。到1963年6月，全国共精简职工1887万人，减少城镇人口2600万人。

1962 年

1 月 11 日—2 月 7 日 中共中央召开扩大的中央工作会议(七千人大会)。会议初步总结"大跃进"中的经验教训,开展批评和自我批评,强调加强民主集中制,切实贯彻调整国民经济的方针,以迅速扭转国民经济困难的局面。

2 月 13 日 中共中央发出《关于改变农村人民公社基本核算单位问题的指示》,提出把人民公社基本核算单位由生产大队改为生产队。

3 月 2 日 周恩来作《论知识分子问题》报告,重新肯定我国知识分子的绝大多数已经是劳动人民的知识分子,强调在社会主义建设中要发挥科学和科学家的作用。

3 月 20 日 供应香港鲜活冷冻商品的快运货物列车从湖北江岸站开出。随后,上海、郑州也开通快车。

10 月 20 日 中国边防部队奉命对印度军队的武装进攻进行自卫反击作战。自 12 月 1 日起,中国边防部队从 1959 年 11 月 7 日双方实际控制线单方面后撤 20 公里,并在实际控制线中方一侧设立民政检查站。

12 月 14 日 中共中央作出《关于成立十五人专门委员会的决定》。委员会的主要任务是加强对原子能工业建设和加速核武器研制、试验工作以及核科学技术工作的领导。周恩来任主任。

1963 年

1月4日　周恩来将毛泽东提出的对台湾问题的有关原则概括为"一纲四目",通过有关渠道转达给台湾方面。一纲是:台湾必须统一于中国。四目是:(一)台湾回归祖国后,除外交必须统一于中央外,所有军政大权、人事安排等悉委于蒋(介石),陈诚、蒋经国亦悉由蒋意重用;(二)所有军政及建设费用不足之数,悉由中央拨付;(三)台湾的社会改革可以从缓,必俟条件成熟,并征得蒋之同意后进行;(四)互约不派特务,不做破坏对方团结之举。

2月11日—28日　中央工作会议召开。会议决定在农村开展以"四清"(清理账目、清理仓库、清理财物、清理工分)为主要内容的社会主义教育运动,在城市开展反对贪污盗窃、反对投机倒把、反对铺张浪费、反对分散主义、反对官僚主义的"五反"运动。

3月5日　《人民日报》刊登毛泽东的题词"向雷锋同志学习"。全国掀起学习雷锋先进事迹的热潮。雷锋精神,成了新中国社会风尚的一个标志。

4月6日　中国向阿尔及利亚派出援外医疗队。这是中国政府向非洲国家派遣的第一支医疗队。

6月14日　中共中央发表《关于国际共产主义运动总路

线的建议》。9月6日至1964年7月14日,又连续发表总称为《关于国际共产主义运动总路线的论战》的九篇文章（"九评"）。中苏两党之间的论战达到高潮。1966年3月起,中苏两党关系基本中断。

11月17日 毛泽东为河北抗洪抢险斗争展览会题词"一定要根治海河"。到1973年11月,子牙河、大清河、永定河、北运河及南运河等五大河系和徒骇河、马颊河等骨干河道得到普遍治理。

12月2日 中共中央、国务院原则批准中央科学小组、国家科学技术委员会党组关于1963年—1972年科学技术发展规划的报告、科学技术发展规划纲要及科学技术事业规划。

12月14日—翌年2月29日 周恩来访问亚非欧14国,提出中国处理同阿拉伯国家和非洲国家关系的五项原则及对外经济技术援助八项原则。

1964 年

2 月 10 日　《人民日报》发表社论和通讯,介绍山西省昔阳县大寨大队艰苦奋斗、发展生产的事迹。此后,"农业学大寨"运动在全国展开。

5 月 15 日—6 月 17 日　中央工作会议召开。会议讨论了"三线"建设问题。1965 年夏,"三线"建设进入实质性实施阶段。20 世纪 80 年代起,国家对"三线"建设实施全面调整与改造。

10 月 16 日　中国第一颗原子弹爆炸成功。中国政府发表声明,郑重宣布:中国在任何时候、任何情况下,都不会首先使用核武器。

12 月 20 日—翌年 1 月 5 日　全国政协四届一次会议举行。会议推举毛泽东为全国政协名誉主席,选举周恩来为主席。

12 月 21 日—翌年 1 月 4 日　三届全国人大一次会议举行。周恩来在《政府工作报告》中提出:要在不长的历史时期内,把我国建设成为一个具有现代农业、现代工业、现代国防和现代科学技术的社会主义强国。会议选举刘少奇为国家主席,朱德为全国人大常委会委员长,决定周恩来为国务院总理。

1965 年

3 月 1 日 为解决香港淡水供应困难而兴建的东江—深圳供水工程正式向香港供水。

4 月 5 日 河南省林县红旗渠实现总干渠通水。林县人民自力更生、艰苦奋斗,建成"人造天河"红旗渠。

6 月 26 日 毛泽东在同医务人员谈话时提出,把医疗卫生工作的重点放到农村去。9 月 21 日,中共中央批转卫生部党委《关于把卫生工作重点放到农村的报告》。到年底,全国城乡医疗卫生网基本形成,相当一部分农村地区实行合作医疗制度。

9 月 17 日 中国在世界上首次人工合成结晶牛胰岛素。

12 月 31 日 中国自主设计建造的第一艘万吨级远洋货轮"东风"号成功交付。

1966 年

2 月 7 日　新华社播发通讯《县委书记的榜样——焦裕禄》。全国掀起学习焦裕禄的热潮。焦裕禄以自己的实际行动诠释了亲民爱民、艰苦奋斗、科学求实、迎难而上、无私奉献的精神。

3 月 8 日、22 日　河北邢台地区相继发生里氏 6.8 级和 7.2 级强烈地震。在中共中央、国务院和中央军委领导下，在全国人民和解放军的大力支援下，灾区人民积极开展抗震救灾工作。

5 月 4 日—26 日　中央政治局扩大会议召开。会议通过"五一六通知"。8 月，中共八届十一中全会通过《中国共产党中央委员会关于无产阶级文化大革命的决定》。这两次会议的召开，标志着"文化大革命"的全面发动。

7 月 1 日　中国人民解放军第二炮兵领导机构成立。

10 月 27 日　中国成功进行第一颗装有核弹头的地地导弹飞行爆炸。

1967 年

2 月前后　谭震林、陈毅、叶剑英、李富春、李先念、徐向前、聂荣臻等老一辈革命家在不同会议上对"文化大革命"的错误做法提出强烈批评。这次抗争后来被诬为"二月逆流"而受到压制和打击。

3 月 19 日　中央军委作出《关于集中力量执行支左、支农、支工、军管、军训任务的决定》。到 1972 年 8 月，人民解放军先后派出指战员 280 余万人次执行"三支两军"任务。

6 月 17 日　中国第一颗氢弹空爆试验成功。

9 月 5 日　中国政府和坦桑尼亚、赞比亚两国政府在北京签订关于修建坦桑尼亚—赞比亚铁路的协定。1976 年 7 月 14 日，坦赞铁路竣工，交接仪式在赞比亚举行。

1968 年

10 月 13 日—31 日　中共扩大的八届十二中全会召开。全会对刘少奇作出完全错误的政治结论和组织处理。1969年 11 月 12 日,刘少奇在河南开封含冤逝世。1980 年 2 月,中共十一届五中全会为刘少奇平反昭雪。

12 月 22 日　《人民日报》发表毛泽东的指示:"知识青年到农村去,接受贫下中农的再教育,很有必要。"全国掀起知识青年上山下乡的高潮。1981 年 11 月,城镇知识青年上山下乡运动结束。

12 月 29 日　南京长江大桥全面建成通车。这是当时中国自行设计建造的最大的铁路、公路两用桥。

1969 年

3 月　苏联军队入侵乌苏里江主航道中国一侧的珍宝岛,造成严重流血事件。中国边防部队被迫进行自卫反击作战。

4 月 1 日—24 日　中国共产党第九次全国代表大会举行。出席大会的代表 1512 人,当时全国共有党员约 2200 万名。大会肯定了"无产阶级专政下继续革命的理论",使"文化大革命"的错误理论和实践合法化。九大在思想上、政治上和组织上的指导方针都是错误的。

4 月 28 日　中共九届一中全会选举毛泽东为中央委员会主席。九届中央政治局第一次会议通过中央军委名单,毛泽东任主席。

9 月 23 日　中国成功进行首次地下核试验。

10 月 1 日　中国第一条城市地铁线路——北京地下铁道一期工程正式建成通车。

1970 年

4 月 24 日　中国第一颗人造地球卫星发射成功。

12 月 25 日　中共中央批准兴建长江葛洲坝水利枢纽工程。1988 年 12 月,工程全部建成。

1971 年

9 月 13 日　林彪等人外逃叛国,在蒙古人民共和国温都尔汗附近机毁人亡。林彪反革命集团的覆灭,客观上宣告了"文化大革命"理论和实践的失败。

10 月 25 日　第二十六届联合国大会以压倒性多数的票数通过 2758 号决议,恢复中华人民共和国在联合国的一切合法权利,并立即把蒋介石集团的"代表"从联合国及其所属一切机构中驱逐出去。11 月 15 日,中华人民共和国代表团首次出席联合国大会。

10 月　周恩来在毛泽东支持下主持中央日常工作。此后,周恩来提出批判极左思潮,落实党的各项政策,各方面工作有了明显好转。1972 年 12 月,调整工作被迫中断。

12 月　中国自行研制的第一艘导弹驱逐舰交付使用,正式编入军队战斗序列。

1972 年

2 月 21 日—28 日　美国总统尼克松访问中国。此前,美国乒乓球代表团于 1971 年 4 月应邀访华;美国总统国家安全事务助理基辛格分别于 1971 年 7 月和 10 月两次访华。28 日,中美双方在上海发表《联合公报》,标志两国关系正常化进程的开始。

9 月 25 日—30 日　日本国内阁总理大臣田中角荣应邀访问中国,谈判并解决中日邦交正常化问题。29 日,中日两国政府发表《联合声明》,宣布即日起建立外交关系。

11 月 8 日　第二十七届联合国大会通过决议,将香港、澳门从反殖民主义宣言适用的殖民地名单中删除,明确了香港、澳门不具有殖民地地位。

1973 年

3月29日 根据毛泽东的意见,周恩来主持中央政治局会议,决定邓小平正式参加国务院业务组工作,并以国务院副总理身份参加外事活动。12月22日,中共中央发出通知,邓小平参加中央和中央军委的领导工作。

8月5日—20日 国务院召开首次全国环境保护会议,制定《关于保护和改善环境的若干规定(试行草案)》。这是中国第一部环境保护的综合性法规。

8月24日—28日 中国共产党第十次全国代表大会举行。出席大会的代表1249人,当时全国共有党员2800万名。十大继续肯定九大的政治路线和组织路线。

8月30日 中共十届一中全会选举毛泽东为中央委员会主席。

本年 中国籼型杂交水稻科研协作组袁隆平等人,在世界上首次培育成功强优势的籼型杂交水稻。

1974 年

1 月 19 日—20 日　中国人民解放军奉命对南越西贡当局军队的武装进攻进行自卫反击作战,胜利保卫了西沙群岛领土。

4 月 6 日—16 日　邓小平率中国代表团出席联合国大会第六届特别会议。10 日,在会议上全面阐述毛泽东关于"三个世界"划分的理论和中国的对外政策。

8 月 1 日　中央军委发布命令,将中国自行设计制造的第一艘核潜艇命名为"长征一号",正式编入海军战斗序列。人民海军进入拥有核潜艇的新阶段。

1975 年

1 月 13 日—17 日　四届全国人大一次会议举行。会议重申四个现代化的目标;选举朱德为全国人大常委会委员长,任命周恩来为国务院总理、邓小平等为副总理。此前,邓小平在 1 月 5 日被任命为中央军委副主席,在 1 月 8 日至 10 日召开的中共十届二中全会上当选为中共中央副主席。

2 月　在毛泽东、周恩来支持下,邓小平开始主持国务院日常工作。7 月,开始主持中央日常工作。主持工作期间,对全国各方面的工作进行整顿,收到显著成效。11 月,整顿被迫中断。

11 月 26 日　中国成功发射一颗返回式遥感人造地球卫星,并按计划顺利回收,成为继美国、苏联之后第三个掌握卫星回收技术的国家。

1976 年

1月8日 周恩来逝世。

3月下旬—4月5日 北京、南京等地爆发悼念周恩来，反对"四人帮"的群众运动。4月5日，首都群众在天安门广场的悼念活动被错误地定性为"反革命事件"。

4月7日 华国锋被任命为中共中央第一副主席、国务院总理。邓小平被错误地撤销党内外一切职务。

7月6日 朱德逝世。

7月28日 河北唐山、丰南地区发生里氏7.8级强烈地震，并波及天津、北京等地，24.2万多人罹难，16.4万多人重伤。在中共中央、国务院和中央军委领导下，在全国人民和解放军的大力支援下，灾区群众奋力抗震救灾。

9月9日 毛泽东逝世。18日，首都百万群众在天安门广场隆重举行追悼大会。全国各省、自治区、直辖市举行了悼念活动。

10月6日 中央政治局执行党和人民的意志，采取断然措施，一举粉碎"四人帮"。延续十年之久的"文化大革命"结束。

1977 年

4 月 10 日 邓小平致信华国锋、叶剑英并中共中央。针对"两个凡是"的错误观点,指出:我们必须世世代代地用准确的完整的毛泽东思想来指导我们全党、全军和全国人民。5 月 3 日,中共中央转发这封信。

7 月 16 日—21 日 中共十届三中全会召开。全会通过关于追认华国锋任中共中央主席、中央军委主席的决议,决定恢复邓小平中共中央副主席、中央军委副主席、国务院副总理等职务。

8 月 12 日—18 日 中国共产党第十一次全国代表大会举行。出席大会的代表 1510 人,代表全国 3500 多万名党员。大会宣告"文化大革命"已经结束,重申在 20 世纪内把中国建设成为社会主义现代化强国,但未能从根本上纠正"文化大革命"的错误。

8 月 19 日 中共十一届一中全会选举华国锋为中央委员会主席。全会通过中央军委名单,华国锋为主席。

9 月 18 日 中共中央发出《关于召开全国科学大会的通知》,要求抓紧落实党的知识分子政策,迅速恢复被撤掉的科研机构,恢复科研人员的技术职称,建立考核制度,实行技术岗位责任制。之后,中国科学院破格晋升对"哥德巴赫猜想"

研究取得世界领先成就的陈景润为研究员。

10 月 5 日　中央政治局会议讨论并原则批准教育部《关于 1977 年高等学校招生工作的意见》。12 日,国务院批转了这个意见,决定从本年起,高等学校招生采取自愿报名、统一考试、择优录取的办法,恢复"文化大革命"中被废弃的高考制度。11 月至 12 月,全国约 570 万人参加了由各省、自治区、直辖市分别组织的统一考试,27.3 万人被录取。

1978 年

2 月 24 日—3 月 8 日　全国政协五届一次会议举行。会议通过《中国人民政治协商会议章程》,选举邓小平为全国政协主席。

2 月 26 日—3 月 5 日　五届全国人大一次会议举行。会议重申在 20 世纪内实现四个现代化的奋斗目标;选举叶剑英为全国人大常委会委员长,决定华国锋为国务院总理。

3 月 18 日—31 日　全国科学大会召开。邓小平在会议开幕词中强调科学技术是生产力,指出为社会主义服务的脑力劳动者是劳动人民的一部分。会议制定了《1978—1985 年全国科学技术发展规划纲要(草案)》。

4 月 5 日　中共中央批准中央统战部、公安部《关于全部摘掉右派分子帽子的请示报告》。9 月 17 日,中共中央批转《贯彻中央关于全部摘掉右派分子帽子决定的实施方案》,指出对过去错划了的人,要做好改正工作。到 11 月,全国摘掉右派分子帽子的工作全部完成。对错划右派的改正工作于 1980 年基本结束。

5 月 10 日　中央党校内部刊物《理论动态》刊登《实践是检验真理的唯一标准》一文。11 日,《光明日报》以特约评论员名义公开发表这篇文章,新华社向全国转发。在邓小平的领导和许多老一辈革命家的支持下,一场关于真理标准问题的大讨论迅速在全党全社会展开。这场深刻而广泛的思想解放运动,成为正本清源、拨乱反正和改革开放的思想先导。

10 月 22 日—29 日 邓小平访问日本。这是新中国成立后中国国家领导人首次访问日本。

11 月 10 日—12 月 15 日 中央工作会议召开。会议讨论从 1979 年起把全党工作着重点转移到社会主义现代化建设上来等问题。陈云提出解决历史遗留问题的意见,得到与会者响应。11 月 25 日,中央政治局宣布为"天安门事件"等错案平反。12 月 13 日,邓小平发表《解放思想,实事求是,团结一致向前看》讲话,实际上成为随后召开的中共十一届三中全会的主题报告,是开辟新时期新道路的宣言书。

11 月 25 日 三北(西北、华北、东北)防护林体系工程建设启动。1990 年 5 月 7 日,长江中上游防护林体系建设工程全面展开。

12 月 16 日 中美公布关于建立外交关系的联合公报,宣布自 1979 年 1 月 1 日起互相承认并建立外交关系。同日,美国宣布于 1979 年 1 月 1 日断绝同台湾当局的所谓"外交关系"。

12 月 18 日—22 日 中共十一届三中全会召开。全会批判了"两个凡是"的错误方针,充分肯定必须完整地、准确地掌握毛泽东思想的科学体系,高度评价关于实践是检验真理的唯一标准问题的讨论;果断地停止使用"以阶级斗争为纲"的口号,作出把党和国家工作中心转移到经济建设上来、实行改革开放的历史性决策;决定健全党的民主集中制,加强党的领导机构,成立中央纪律检查委员会,选举陈云为中央纪委第一书记。全会标志着中国共产党重新确立了马克思主义的思想路线、政治路线和组织路线,实现新中国成立以来党的历史上具有深远意义的伟大转折,开启了改革开放和社会主义现代化的伟大征程。

12 月 23 日 上海宝山钢铁总厂举行动工典礼。到 1985 年 11 月、1992 年 4 月,一期、二期工程建成投产。2001 年 5 月,三期工程通过竣工验收。

1979 年

1月1日 全国人大常委会发表《告台湾同胞书》,郑重宣示争取祖国和平统一的大政方针。同日,国防部长徐向前发表声明,即日起停止自 1958 年 8 月 23 日开始的对金门等岛屿的炮击。两岸关系由此揭开新篇章。

1月4日—22日 中央纪律检查委员会召开第一次全体会议。此后,全国地方各级纪律检查机构陆续恢复重建。

1月18日—4月3日 党的理论工作务虚会召开。3月30 日,邓小平在会上发表《坚持四项基本原则》讲话。强调,必须在思想政治上坚持社会主义道路,坚持无产阶级专政(后表述为人民民主专政),坚持共产党的领导,坚持马列主义、毛泽东思想。这四项基本原则是实现四个现代化的根本前提。

1月29日—2月5日 邓小平对美国进行国事访问。这是新中国成立后中国国家领导人第一次访问美国。

1月31日 中共中央、国务院决定在广东蛇口建立全国第一个对外开放工业区——蛇口工业区。

2月17日—3月16日 中国边防部队实施对越自卫反击战。

3月21日 邓小平在会见外宾时提出"中国式的四个现

代化"概念。12月6日,他在会见日本首相大平正芳时提出"小康"的概念。

4月5日—28日 中共中央召开工作会议,决定对国民经济实行"调整、改革、整顿、提高"的方针。

6月15日 邓小平在全国政协五届二次会议上讲话,明确指出,新时期统一战线和人民政协的任务,就是要调动一切积极因素,努力化消极因素为积极因素,团结一切可以团结的力量,同心同德,群策群力,维护和发展安定团结的政治局面,为把我国建设成为现代化的社会主义强国而奋斗。10月19日,在对各民主党派和全国工商联代表讲话时指出,统一战线已经发展成为全体社会主义劳动者、拥护社会主义的爱国者和拥护祖国统一的爱国者的最广泛的联盟。

7月1日 五届全国人大二次会议通过《关于修正〈中华人民共和国宪法〉若干规定的决议》和《中华人民共和国刑法》、《中华人民共和国刑事诉讼法》、《中华人民共和国中外合资经营企业法》等七部法律。

7月15日 中共中央、国务院批转广东省委、福建省委关于对外经济活动实行特殊政策和灵活措施的两个报告,决定先在深圳、珠海试办出口特区。1980年5月16日,中共中央、国务院批转《广东、福建两省会议纪要》,正式将出口特区改称为经济特区。8月,五届全国人大常委会第十五次会议批准广东、福建两省在深圳、珠海、汕头、厦门设置经济特区。在中央决策的推动下,特区建设者创造了敢闯敢试、敢为人先、埋头苦干的特区精神。

9月13日 五届全国人大常委会第十一次会议原则通

过《中华人民共和国环境保护法（试行）》。1983 年 12 月 31 日,第二次全国环境保护会议明确提出环境保护是我国的一项基本国策。1989 年 12 月 26 日,七届全国人大常委会第十一次会议通过《中华人民共和国环境保护法》。

9 月 29 日　叶剑英在庆祝中华人民共和国成立 30 周年大会上发表讲话,初步总结新中国成立 30 年来的经验教训,明确提出要从中国的实际出发,走出一条适合中国情况和特点的实现现代化的道路,要发展社会主义民主和法制,建设社会主义物质文明和精神文明。

10 月 30 日　邓小平在中国文学艺术工作者第四次代表大会上致祝词,指出要在建设高度物质文明的同时,建设高度的社会主义精神文明。

1980 年

1 月 16 日 邓小平在中共中央召集的干部会议上发表《目前的形势和任务》讲话,提出反对霸权主义、维护世界和平,台湾归回祖国、实现祖国统一,加紧四个现代化建设三大任务。

2 月 23 日—29 日 中共十一届五中全会召开。全会通过《关于党内政治生活的若干准则》。

3 月 14 日—15 日 中共中央召开西藏工作座谈会,提出有计划有步骤地使西藏兴旺发达、繁荣富裕起来。

4 月 15 日—18 日 邓小平、胡耀邦等在会见意大利共产党主席贝林格时首次提出党际交往的基本原则。1982 年中共十二大正式提出处理党际关系的独立自主、完全平等、互相尊重和互不干涉内部事务四项原则。

4 月 17 日 中国恢复在国际货币基金组织的代表权。

5 月 15 日 中国恢复在世界银行的代表权。

5 月 18 日 中国向太平洋预定海域发射第一枚运载火箭获得圆满成功。

8 月 18 日 邓小平在中央政治局扩大会议上发表《党和国家领导制度的改革》讲话。指出,领导制度、组织制度问题更带有根本性、全局性、稳定性和长期性,对现行制度存在的各种弊端必须进行改革。改革党和国家的领导制度,不是要削弱党的领导,涣散党的纪律,而正是为了坚持和加强党的领导,坚持和加强党的纪律。

9月2日　国务院批转国家经委《关于扩大企业自主权试点工作情况和今后意见的报告》,要求从1981年起把扩大企业自主权的工作在国营工业企业中全面推开。

9月25日　中共中央发出《关于控制我国人口增长问题致全体共产党员、共青团员的公开信》,提倡一对夫妇只生育一个孩子。1982年中共十二大把实行计划生育确立为中国的一项基本国策。

11月　陈云在中央纪律检查委员会召开的第三次贯彻《关于党内政治生活的若干准则》座谈会期间指出,执政党的党风问题是有关党的生死存亡的问题,党风问题必须抓紧搞,永远搞。

1981 年

2 月 25 日 全国总工会、共青团中央等九单位联合向全国人民特别是青少年发出倡议,开展以讲文明、讲礼貌、讲卫生、讲秩序、讲道德和心灵美、语言美、行为美、环境美为主要内容的"五讲四美"文明礼貌活动。1982 年中共十二大以后,许多地方开展了热爱祖国、热爱社会主义、热爱党的"三热爱"活动。它与原来的"五讲四美"活动,汇合成一个"五讲四美三热爱"的统一的活动。

6 月 27 日—29 日 中共十一届六中全会召开。全会通过《关于建国以来党的若干历史问题的决议》,对新中国成立32 年来党的重大历史事件特别是"文化大革命"作出正确总结,实事求是地评价毛泽东的历史地位,科学论述毛泽东思想作为党的指导思想的伟大意义。《决议》的通过,标志着党在指导思想上拨乱反正任务的完成。29 日,全会选举胡耀邦为中央委员会主席,邓小平为中央军委主席。

8 月 27 日—9 月 25 日 全军高级干部集训,重点研究战争初期方面军防御战役的组织与实施。其间,北京军区部队和空军部队在华北地区组织方面军防御战役演习。邓小平在演习结束后举行的阅兵式上讲话指出,必须把我军建设成为一支强大的现代化、正规化的革命军队。

9 月 30 日 叶剑英向新华社记者发表谈话,进一步阐述关于台湾回归祖国、实现祖国和平统一的九条方针政策。

10 月 17 日 中共中央、国务院作出《关于广开门路,搞活经济,解决城镇就业问题的若干决定》。

11 月 7 日—16 日 中国女排在日本大阪举行的第三届世界杯女子排球赛上七战七捷,首次获得世界冠军。到 1986 年,中国女排在世界杯、世界锦标赛和奥运会上五次蝉联世界冠军。

1982 年

1 月 1 日　中共中央批转《全国农村工作会议纪要》,肯定包产到户等各种生产责任制都是社会主义集体经济的生产责任制。1982 年至 1986 年,中共中央就农业和农村问题连续发出五个一号文件。

1 月 11 日　邓小平会见美国华人协会主席李耀滋,首次提出"一个国家,两种制度"概念。1983 年 6 月 26 日,他会见美国新泽西州西东大学教授杨力宇,进一步阐述了有关大陆和台湾和平统一的六条方针。

1 月 13 日　邓小平在中央政治局扩大会议上发表讲话,提出干部队伍革命化、年轻化、知识化、专业化的"四化"方针。

2 月 20 日　中共中央作出《关于建立老干部退休制度的决定》。

3 月 31 日　中共中央印发《关于我国社会主义时期宗教问题的基本观点和基本政策》,明确阐述了尊重和保护宗教信仰自由,争取、团结和教育宗教界人士,落实党的各项宗教政策等问题。

4 月 13 日　中共中央、国务院作出《关于打击经济领域中严重犯罪活动的决定》。

8月17日 中美两国政府就分步骤直到最后彻底解决美国向台湾出售武器问题发表《中华人民共和国和美利坚合众国联合公报》（八一七公报）。

9月1日—11日 中国共产党第十二次全国代表大会举行。大会正式代表1600人，候补代表149人，代表全国3900多万党员。邓小平在致开幕词时提出，把马克思主义的普遍真理同我国的具体实际结合起来，走自己的道路，建设有中国特色的社会主义。大会通过的报告《全面开创社会主义现代化建设的新局面》，提出分两步走，在20世纪末实现工农业年总产值翻两番的目标。大会通过新的《中国共产党章程》。大会决定设立中央顾问委员会。

9月12日—13日 中共十二届一中全会选举胡耀邦为中央委员会总书记，决定邓小平为中央军委主席，批准邓小平为中央顾问委员会主任，批准陈云为中央纪委第一书记。

9月24日 邓小平会见英国首相撒切尔夫人，阐述中国政府对香港问题的基本立场。指出，主权问题不是一个可以讨论的问题。1997年中国将收回香港，不仅是新界，而且包括香港岛、九龙。

10月3日 中共中央、国务院作出《关于中央党政机关干部教育工作的决定》，要求中央党政机关的干部教育经常化、正规化、制度化。1983年4月18日，中共中央作出《关于实现党校教育正规化的决定》。

10月12日 中国首次以潜艇从水下向预定海上目标区发射运载火箭获得成功。

12月4日 五届全国人大五次会议通过并公布施行经

全面修改后的《中华人民共和国宪法》(即现行宪法)。规定:加强人民代表大会制度,扩大全国人大常委会的职权;恢复设立国家主席;国家设立中央军事委员会,中央军事委员会实行主席负责制;国务院实行总理负责制;国家在必要时得设立特别行政区;改变农村人民公社"政社合一"的体制,设立乡政权;在宪法序言中明确人民政协的性质、作用。此后,为适应改革开放和社会主义现代化建设的需要,我国分别于1988年、1993年、1999年、2004年、2018年先后五次对宪法进行修改。

1983 年

4 月 5 日 中国人民武装警察部队总部在北京成立。

4 月 24 日 国务院批转财政部《关于国营企业利改税试行办法》。

6 月 4 日—22 日 全国政协六届一次会议举行。会议选举邓颖超为全国政协主席。

6 月 6 日—21 日 六届全国人大一次会议举行。会议选举李先念为国家主席,彭真为全国人大常委会委员长,邓小平为国家中央军委主席,决定赵紫阳为国务院总理。

8 月 25 日 中共中央作出《关于严厉打击刑事犯罪活动的决定》。

10 月 1 日 邓小平为景山学校题词:"教育要面向现代化,面向世界,面向未来。"

10 月 11 日—12 日 中共十二届二中全会召开。全会通过《关于整党的决定》,决定用三年时间分期分批对党的作风和党的组织进行一次全面整顿。这次整党到 1987 年 5 月基本结束。

10 月 12 日 中共中央、国务院发出《关于实行政社分开建立乡政府的通知》。到 1984 年底,全国基本完成了政社分设。

12 月 6 日　由中国人民解放军国防科技大学研制成功的中国第一台亿次巨型计算机——"银河—Ⅰ"计算机在长沙通过国家鉴定,填补了国内巨型计算机研制的空白。

1984 年

1月22日—2月17日 邓小平视察深圳、珠海、厦门三个经济特区和上海，充分肯定试办经济特区和对外开放的决策。

3月1日 中共中央、国务院转发农牧渔业部《关于开创社队企业新局面的报告》，同意将社队企业改称乡镇企业，提出发展乡镇企业的若干政策。

4月8日 中国首次成功发射试验通信卫星东方红二号，成为世界上第五个掌握卫星通信能力的国家。

5月4日 中共中央、国务院批转《沿海部分城市座谈会纪要》，决定进一步开放天津、上海、大连、秦皇岛、烟台、青岛、连云港、南通、宁波、温州、福州、广州、湛江和北海14个沿海港口城市，并提出逐步兴办经济技术开发区。

5月31日 六届全国人大二次会议通过《中华人民共和国民族区域自治法》。2001年2月28日，九届全国人大常委会第二十次会议通过《关于修改〈中华人民共和国民族区域自治法〉的决定》，明确规定民族区域自治是国家的一项基本政治制度。

10月1日 首都举行庆祝中华人民共和国成立35周年的阅兵仪式和群众游行。邓小平检阅受阅部队并发表讲话。

10 月 20 日　中共十二届三中全会召开。全会通过《关于经济体制改革的决定》,规定以城市为重点的经济体制改革的任务、性质和各项方针政策;提出社会主义经济是公有制基础上的有计划的商品经济。

10 月　《列宁全集》中文第二版开始分卷出版。全集共60 卷,到 1990 年出齐。

12 月 3 日　中共中央、国务院作出《关于严禁党政机关和党政干部经商、办企业的决定》。

12 月 19 日　中英两国政府在北京正式签署《中华人民共和国政府和大不列颠及北爱尔兰联合王国政府关于香港问题的联合声明》,中国政府声明决定于 1997 年 7 月 1 日对香港恢复行使主权。

1985 年

1月1日　中共中央、国务院印发《关于进一步活跃农村经济的十项政策》，决定改革农产品统购派购制度，从1985年起实行合同定购和市场收购。

1月21日　六届全国人大常委会第九次会议通过《关于教师节的决定》，决定9月10日为教师节。

2月18日　中共中央、国务院批转《长江、珠江三角洲和闽南厦漳泉三角地区座谈会纪要》，决定在长江三角洲、珠江三角洲和闽南厦漳泉三角地区开辟沿海经济开放区。1988年3月18日，国务院发出《关于扩大沿海经济开放区范围的通知》，决定新划入沿海经济开放区140个市、县，包括杭州、南京、沈阳3个省会城市。此后，国务院又相继决定开放了一批沿江、沿边、内陆和省会城市，形成了多层次、多渠道、全方位开放格局。

2月20日　中国第一个南极考察站——长城站在南极乔治王岛建成。此后，我国又陆续建成南极中山站、昆仑站、泰山站。

3月4日　邓小平在会见外宾时指出，现在世界上真正大的问题，带全球性的战略问题，一个是和平问题，一个是发展问题。和平问题是东西问题，发展问题是南北问题。概括起来,就是东西南北四个字。南北问题是核心问题。

3 月 13 日 中共中央作出《关于科学技术体制改革的决定》,提出经济建设必须依靠科学技术、科学技术工作必须面向经济建设的战略方针。

5 月 23 日—6 月 6 日 中央军委召开扩大会议。邓小平在会上提出对国际形势的新判断和中国对外政策的两个重要转变,宣布中国人民解放军减少员额 100 万。会议作出军队建设指导思想实行战略性转变的重大决策。

5 月 27 日 中共中央作出《关于教育体制改革的决定》。明确教育体制改革的根本目的和主要措施,提出有步骤地实行九年制义务教育,大力发展职业技术教育,改革高等学校招生计划和毕业生分配制度,扩大高等学校办学自主权。

5 月 中共中央、国务院批准实施旨在依靠科学技术促进农村经济发展的"星火计划"。

6 月 9 日—15 日 全国法制宣传教育工作会议召开。会议通过《关于向全体公民基本普及法律常识的五年规划》。到 2021 年,共实施八个五年普法规划。

9 月 18 日—23 日 中国共产党全国代表会议举行。会议对中央委员会、中央顾问委员会和中央纪律检查委员会的成员进行了调整。

9 月 24 日 中共十二届五中全会召开。全会对中央政治局和中央书记处成员进行了调整,进一步实现了中央领导机构成员的新老交替。

1986 年

3 月 5 日　邓小平对王大珩、王淦昌、杨嘉墀、陈芳允四位科学家提出的关于跟踪研究外国高技术发展的建议作出批示。11 月 18 日,中共中央、国务院转发《高技术研究发展计划纲要》。这个计划因邓小平首次批示的时间为 1986 年 3 月,又称"八六三计划"。

4 月 12 日　六届全国人大四次会议通过《中华人民共和国民法通则》、《中华人民共和国义务教育法》和《中华人民共和国外资企业法》。

7 月 8 日　中国国内卫星通信网正式建成。

8 月 10 日　解放军总参谋部、总政治部、总后勤部发出通知,规定预备役部队正式列入人民解放军建制序列。

9 月 15 日　中共中央、国务院印发《中国共产党全民所有制工业企业基层组织工作条例》。

9 月 28 日　中共十二届六中全会召开。全会通过《关于社会主义精神文明建设指导方针的决议》,阐明社会主义精神文明建设的战略地位、根本任务和基本指导方针。社会主义精神文明建设对促进党风和社会风气好转起了积极作用,涌现出蒋筑英、罗健夫、朱伯儒、谷文昌等一批时代楷模。

12 月 5 日　国务院作出《关于深化企业改革增强企业活

力的若干规定》。

12 月 30 日　邓小平在同几位中央负责同志谈话时指出,要旗帜鲜明地坚持四项基本原则,反对资产阶级自由化。1987 年 1 月 28 日,中共中央发出《关于当前反对资产阶级自由化若干问题的通知》。

1987 年

4月13日 中葡两国政府在北京正式签署《中华人民共和国政府和葡萄牙共和国政府关于澳门问题的联合声明》，确认中国政府于1999年12月20日对澳门恢复行使主权。

4月17日 中共中央、国务院批转中央统战部、国家民委《关于民族工作几个重要问题的报告》，阐述新时期民族工作总的指导思想和根本任务。

10月16日 国务院办公厅公布有关接待探亲台胞的办法。11月2日，第一批探亲台胞经香港赴大陆。至此，长达38年之久的两岸隔绝状态被打破，两岸人员往来和经济文化交流逐步展开。

10月25日—11月1日 中国共产党第十三次全国代表大会举行。大会正式代表1936人，特邀代表61人，代表全国4600多万党员。大会通过的报告《沿着有中国特色的社会主义道路前进》，阐述社会主义初级阶段理论，提出党在社会主义初级阶段的基本路线，制定到21世纪中叶分三步走、实现现代化的发展战略。大会通过《中国共产党章程部分条文修正案》。

11月2日 中共十三届一中全会选举赵紫阳为中央委员会总书记，决定邓小平为中央军委主席，批准陈云为中央顾问委员会主任,批准乔石为中央纪委书记。

11月24日 六届全国人大常委会第二十三次会议通过《中华人民共和国村民委员会组织法(试行)》。1998年11月4日,九届全国人大常委会第五次会议通过《中华人民共和国村民委员会组织法》。

1988 年

2 月 25 日　国务院印发《关于在全国城镇分期分批推行住房制度改革的实施方案》。1994 年 7 月 18 日,国务院作出《关于深化城镇住房制度改革的决定》,住房供应管理逐步由单位化向社会化、专业化改变。1998 年 7 月 3 日,国务院发出《关于进一步深化城镇住房制度改革加快住房建设的通知》,提出停止住房实物分配,逐步实行住房分配货币化。

3 月 14 日　人民解放军海军进行南沙群岛自卫还击作战。

3 月 24 日—4 月 10 日　全国政协七届一次会议举行。会议选举李先念为全国政协主席。

3 月 25 日—4 月 13 日　七届全国人大一次会议举行。会议决定设立海南省、建立海南经济特区;批准国务院机构改革方案,此后第一次对各部门进行"定职能、定机构、定编制"的"三定"工作;通过《中华人民共和国中外合作经营企业法》等。会议选举杨尚昆为国家主席,万里为全国人大常委会委员长,邓小平为国家中央军委主席,决定李鹏为国务院总理。

6 月 1 日　中共中央发出《关于党和国家机关必须保持廉洁的通知》。

7 月 1 日　七届全国人大常委会第二次会议通过《中国

人民解放军军官军衔条例》,人民解放军实行新的军衔制。

8月 国务院批准实施旨在发展高新技术产业的"火炬计划"。

9月5日 邓小平在会见外宾时指出,马克思说过,科学技术是生产力,事实证明这话讲得很对。依我看,科学技术是第一生产力。

同日 七届全国人大常委会第三次会议通过《中国人民解放军现役军官服役条例》。2000年12月28日,九届全国人大常委会第十九次会议通过《中华人民共和国现役军官法》。

9月12日 邓小平在听取工作汇报时,提出"两个大局"思想。指出,沿海地区要加快对外开放,使这个拥有两亿人口的广大地带较快地先发展起来,从而带动内地更好地发展,这是一个事关大局的问题。内地要顾全这个大局。反过来,发展到一定的时候,又要求沿海拿出更多力量来帮助内地发展,这也是个大局。那时沿海也要服从这个大局。

9月14日—27日 中国自行研制的导弹核潜艇在东海海域进行水下发射运载火箭试验并取得成功。

9月26日—30日 中共十三届三中全会召开。全会提出治理经济环境、整顿经济秩序、全面深化改革的方针。

10月16日 中国第一座高能加速器——北京正负电子对撞机对撞成功。

1989 年

春夏之交　北京和其他一些城市发生政治风波,党和政府依靠人民,旗帜鲜明地反对动乱,平息在北京发生的反革命暴乱,捍卫了社会主义国家政权,维护了人民的根本利益,保证了改革开放和现代化建设继续前进。6 月 9 日,邓小平在接见首都戒严部队军以上干部时指出,北京发生的政治风波是国际的大气候和中国自己的小气候所决定的,强调党的十一届三中全会以来制定的基本路线、方针、政策和发展战略是正确的,要坚定不移地干下去。

5 月 16 日　邓小平会见来访的苏联最高苏维埃主席团主席、苏共中央总书记戈尔巴乔夫,中苏关系实现正常化。

6 月 16 日　邓小平在同几位中央负责同志谈话时指出,任何一个领导集体都要有一个核心,没有核心的领导是靠不住的。并指出,我们要一手抓改革开放,一手抓惩治腐败,把这两件事结合起来。

6 月 23 日—24 日　中共十三届四中全会召开。全会通过《关于赵紫阳同志在反党反社会主义的动乱中所犯错误的报告》,选举江泽民为中央委员会总书记。24 日,江泽民在全会上讲话指出,在对待党的十一届三中全会以来的路线和基本政策这个最基本的问题上,要明确两句话:一句是坚定不移,毫不动摇;一句是全面执行,一以贯之。

7 月 27 日—28 日、8 月 28 日 中央政治局召开全体会议,通过《关于近期做几件群众关心的事的决定》、《关于加强宣传、思想工作的通知》和《关于加强党的建设的通知》。

9 月 4 日 邓小平针对国际局势的剧变提出冷静观察、稳住阵脚、沉着应付的对外工作指导方针。

9 月 29 日 庆祝中华人民共和国成立 40 周年大会召开。江泽民发表讲话。

11 月 6 日—9 日 中共十三届五中全会召开。全会通过《关于进一步治理整顿和深化改革的决定》。同意邓小平辞去中央军委主席职务,决定江泽民为中央军委主席。

12 月 21 日 中共中央发出《关于加强和改善党对工会、共青团、妇联工作领导的通知》。

12 月 26 日 七届全国人大常委会第十一次会议通过《中华人民共和国城市居民委员会组织法》。

12 月 30 日 中共中央印发《关于坚持和完善中国共产党领导的多党合作和政治协商制度的意见》,指出"长期共存、互相监督、肝胆相照、荣辱与共"是中国共产党同各民主党派合作的基本方针,明确中国共产党领导的多党合作和政治协商制度是我国一项基本政治制度。

1990 年

3 月 9 日—12 日　中共十三届六中全会召开。全会通过《关于加强党同人民群众联系的决定》。

3 月 20 日—4 月 4 日　七届全国人大三次会议举行。会议通过《中华人民共和国香港特别行政区基本法》、《关于〈中华人民共和国香港特别行政区基本法〉的决定》、《关于设立香港特别行政区的决定》;决定接受邓小平辞去国家中央军委主席职务的请求,选举江泽民为国家中央军委主席。

4 月 12 日　中央政治局会议原则通过国务院提交的浦东开发开放方案。上海浦东新区成为我国首个国家级新区。此后,天津滨海、重庆两江等新区陆续批复设立。到 2021 年 6 月,全国共设立 19 个国家级新区。

4 月　中国政府首次向联合国停战监督组织派遣五名军事观察员,开启中国参加联合国维和行动的序幕。1992 年 4 月,中国政府首次向联合国柬埔寨临时权力机构派出 400 人的维和工程兵大队,开创我军成建制参加联合国维和行动的先河。

5 月 25 日　中共中央印发《关于县以上党和国家机关党员领导干部民主生活会的若干规定》。

7 月 7 日　中共中央作出《关于实行党和国家机关领导

干部交流制度的决定》。

9 月 1 日　中国大陆兴建最早的高速公路——沈大高速公路（沈阳至大连）正式通车。到 2020 年底，全国高速公路里程达 16.1 万公里。

9 月 22 日—10 月 7 日　第十一届亚洲运动会在北京举行。这是中国首次承办的综合性国际体育大赛。

11 月 4 日　中共中央批转中央纪委《关于加强党风和廉政建设的意见》，强调要从党和国家生死存亡、改革开放兴衰成败的高度认识党风和廉政建设的重要性和紧迫性。

11 月 26 日　新中国成立以来在中国大陆开业的第一家证券交易所——上海证券交易所正式成立。12 月 19 日，上海证券交易所正式开业。1991 年 7 月 3 日，深圳证券交易所正式开业。

12 月 1 日　江泽民在全军军事工作会议上提出"政治合格、军事过硬、作风优良、纪律严明、保障有力"的军队建设"五句话"总要求。

1991 年

1 月 10 日—16 日　全国拥军优属、拥政爱民工作会议在福建福州召开。会议命名表彰了首批全国双拥模范城（县）。

3 月 6 日　国务院发出《关于批准国家高新技术产业开发区和有关政策规定的通知》。决定继 1988 年批准北京市新技术产业开发试验区之后，在各地已建立的高新技术产业开发区中，再选定武汉东湖新技术开发区等 26 个开发区作为国家高新技术产业开发区。到 2021 年 6 月，共建成 169 个国家高新技术产业开发区（含苏州工业园区）。

6 月 26 日　国务院作出《关于企业职工养老保险制度改革的决定》。1997 年 7 月 16 日，国务院作出《关于建立统一的企业职工基本养老保险制度的决定》。2005 年 12 月 3 日，国务院作出《关于完善企业职工基本养老保险制度的决定》。

6 月　《毛泽东选集》第一至第四卷第二版出版。

7 月 1 日　庆祝中国共产党成立 70 周年大会召开。江泽民发表讲话，阐述建设有中国特色社会主义的经济、政治、文化的基本特征和主要内容。

7 月、8 月　经中央党史领导小组批准，由中央党史研究室编写的《中国共产党历史》上卷和《中国共产党的七十年》分别出版。2002 年 9 月，《中国共产党历史》上卷经修订后改名为《中国共产党历史》第一卷,经中共中央批准出版。2011年1月、2016年6月,《中国共产党历史》第二卷和《中国共产党的九十年》经中共中央批准分别出版。

9月6日 中共中央作出《关于抓紧培养教育青年干部的决定》。

11月25日—29日 中共十三届八中全会召开。全会通过《关于进一步加强农业和农村工作的决定》。指出,要把以家庭联产承包为主的责任制、统分结合的双层经营体制作为我国乡村集体经济组织的一项基本制度长期稳定下来,并不断充实完善。

12月15日 中国第一座自行设计、自行建造的核电站——秦山核电站并网发电。

1992 年

1 月 14 日　江泽民在中央民族工作会议上讲话指出,要巩固和发展平等、团结、互助的社会主义民族关系,坚持和完善民族区域自治制度,坚决维护祖国统一。

1 月 18 日—2 月 21 日　邓小平视察武昌、深圳、珠海、上海等地并发表谈话,明确回答长期困扰和束缚人们思想的许多重大认识问题。指出,坚持党的十一届三中全会以来的路线、方针、政策,关键是坚持"一个中心、两个基本点",基本路线要管一百年;判断姓"社"姓"资"的标准,应该主要看是否有利于发展社会主义社会的生产力,是否有利于增强社会主义国家的综合国力,是否有利于提高人民的生活水平;要抓住时机,发展自己,发展才是硬道理。特别强调,计划多一点还是市场多一点,不是社会主义与资本主义的本质区别。社会主义的本质,是解放生产力,发展生产力,消灭剥削,消除两极分化,最终达到共同富裕。这次谈话是把改革开放和现代化建设推进到新阶段的又一个解放思想、实事求是的宣言书。

2 月 25 日　七届全国人大常委会第二十四次会议通过《中华人民共和国领海及毗连区法》。

3 月 8 日　国务院印发《国家中长期科学技术发展纲领》。

10 月 12 日—18 日　中国共产党第十四次全国代表大会举行。大会正式代表 1989 人,特邀代表 46 人,代表全国 5100 多万党员。大会通过的报告《加快改革开放和现代化建设步伐,夺取有中国特色社会主义事业的更大胜利》,总结党的十一届三中全会以来 14 年的实践经验,决定抓住机遇,加快发展;确定我国经济体制改革的目标是建立社会主义市场经济体制;提出用邓小平同志建设有中国特色社会主义的理论武装全党。大会通过《中国共产党章程(修正案)》,将邓小平同志建设有中国特色社会主义的理论和党在社会主义初级阶段的基本路线写入党章。

10 月 19 日　中共十四届一中全会选举江泽民为中央委员会总书记,决定江泽民为中央军委主席,批准尉健行为中央纪委书记。

11 月　海峡两岸关系协会与台湾海峡交流基金会,就解决两岸事务性商谈中如何表述坚持一个中国原则的问题,达成"海峡两岸同属一个中国,共同努力谋求国家统一"的共识,后被称为"九二共识"。

1993 年

1 月 13 日—19 日 中央军委扩大会议制定新时期积极防御的军事战略方针,要求把军事斗争准备的基点放在打赢现代技术特别是高技术条件下的局部战争上。2004 年 6 月召开的中央军委扩大会议提出,必须明确把军事斗争准备的基点放到打赢信息化条件下的局部战争上。

2 月 13 日 中共中央、国务院印发《中国教育改革和发展纲要》。指出,到 20 世纪末,我国要实现基本普及九年义务教育,基本扫除青壮年文盲。

3 月 14 日—27 日 全国政协八届一次会议举行。会议选举李瑞环为全国政协主席。

3 月 15 日—31 日 八届全国人大一次会议举行。会议通过的《中华人民共和国宪法修正案》肯定中国正处于社会主义初级阶段,国家实行社会主义市场经济;明确中国共产党领导的多党合作和政治协商制度将长期存在和发展;通过《中华人民共和国澳门特别行政区基本法》、《关于〈中华人民共和国澳门特别行政区基本法〉的决定》、《关于设立中华人民共和国澳门特别行政区的决定》。会议选举江泽民为国家主席、国家中央军委主席,乔石为全国人大常委会委员长,决定李鹏为国务院总理。会议批准国务院机构改革方案,首次明确提出机构改革的重点是转变政府职能。

4月27日—29日 海峡两岸关系协会会长汪道涵和台湾海峡交流基金会董事长辜振甫在新加坡举行会谈并签订《汪辜会谈共同协议》等四项协议。这是两岸受权民间机构领导人的第一次会谈。

7月15日 国家教委印发《关于重点建设一批高等学校和重点学科点的若干意见》,提出面向21世纪重点建设100所左右的高等学校和一批重点学科点的计划,简称"211工程"。1998年5月,江泽民提出,我国要有若干所具有世界先进水平的一流大学。1999年1月,国务院批转教育部《面向21世纪教育振兴行动计划》,提出创建若干所具有世界先进水平的一流大学和一批一流学科,简称"985工程"。

8月21日 江泽民在中共十四届中央纪委二次全会上讲话指出,惩治腐败,要作为一个系统工程来抓,标本兼治,综合治理,持之以恒。

10月 《邓小平文选》第三卷出版。1994年10月,《邓小平文选(一九三八——一九六五年)》和《邓小平文选(一九七五——一九八二年)》经增补和修订,出版第二版,改称《邓小平文选》第一卷、第二卷。

11月5日 中共中央、国务院印发《关于当前农业和农村经济发展的若干政策措施》,提出在原定的耕地承包期到期之后,再延长30年不变。

11月7日 江泽民在全国统战工作会议上讲话指出,要继续巩固和发展社会主义的民族关系,坚持和完善民族区域自治制度,加快民族地区的经济发展和社会进步;要全面、正确地贯彻执行党的宗教政策,依法加强对宗教事务的管理,积极引导宗教与社会主义社会相适应。

11 月 11 日—14 日　中共十四届三中全会召开。全会通过《关于建立社会主义市场经济体制若干问题的决定》,勾画了社会主义市场经济体制的基本框架。指出,社会主义市场经济体制是同社会主义基本制度结合在一起的,建立社会主义市场经济体制,就是要使市场在国家宏观调控下对资源配置起基础性作用。要进一步转换国有企业经营机制,建立适应市场经济要求,产权清晰、权责明确、政企分开、管理科学的现代企业制度。

11 月 20 日　江泽民出席在美国西雅图召开的亚太经合组织第一次领导人非正式会议并发表讲话。

12 月 15 日　国务院作出《关于实行分税制财政管理体制的决定》,确定从 1994 年 1 月 1 日起改革地方财政包干体制,对各省、自治区、直辖市以及计划单列市实行分税制财政管理体制。

12 月 25 日　国务院作出《关于金融体制改革的决定》。提出,建立在国务院领导下,独立执行货币政策的中央银行宏观调控体系;建立政策性金融与商业性金融分离,以国有商业银行为主体、多种金融机构并存的金融组织体系;建立统一开放、有序竞争、严格管理的金融市场体系。

12 月 26 日　纪念毛泽东诞辰 100 周年大会召开。江泽民发表讲话,高度评价毛泽东一生的丰功伟绩,强调毛泽东思想永远是中国共产党人的理论宝库和中华民族的精神支柱。

1994 年

1 月 11 日 国务院作出《关于进一步深化对外贸易体制改革的决定》。指出,我国外贸体制改革的目标是:统一政策、放开经营、平等竞争、自负盈亏、工贸结合、推行代理制,建立适应国际经济通行规则的运行机制。

1 月 24 日 江泽民在全国宣传思想工作会议上讲话指出,宣传思想工作要以科学的理论武装人,以正确的舆论引导人,以高尚的精神塑造人,以优秀的作品鼓舞人。

2 月 28 日—3 月 3 日 国务院召开全国扶贫开发工作会议,部署实施国家八七扶贫攻坚计划,要求力争在 20 世纪末最后的七年内基本解决全国 8000 万贫困人口的温饱问题。

3 月 19 日 全国政协八届二次会议审议通过《中国人民政治协商会议章程》(修正案),把政治协商、民主监督、参政议政并列为人民政协的主要职能。

3 月 22 日 八届全国人大二次会议通过《中华人民共和国预算法》。

3 月 25 日 国务院常务会议通过《中国 21 世纪议程》,确定实施可持续发展战略。

7 月 5 日 八届全国人大常委会第八次会议通过《中华人民共和国劳动法》。

7 月 20 日—23 日　中共中央、国务院召开第三次西藏工作座谈会。会议作出中央政府关心西藏、全国各地支援西藏的重大决策。此后,中央不断采取有力措施加大对西藏现代化发展的支持力度。

8 月 23 日　中共中央印发《爱国主义教育实施纲要》,提出要把爱国主义教育作为提高全民族整体素质和加强社会主义精神文明建设的基础工程。

8 月 31 日　中共中央印发《关于进一步加强和改进学校德育工作的若干意见》。

9 月 25 日—28 日　中共十四届四中全会召开。全会通过《关于加强党的建设几个重大问题的决定》,把党的建设提到新的伟大工程的高度。

1995 年

1 月 7 日　中共中央印发《中国共产党党员权利保障条例(试行)》。2004 年 9 月 22 日,中共中央印发《中国共产党党员权利保障条例》。

1 月 30 日　江泽民发表《为促进祖国统一大业的完成而继续奋斗》讲话,提出现阶段发展两岸关系、推进祖国和平统一进程的八项主张。

2 月 9 日　中共中央印发《党政领导干部选拔任用工作暂行条例》。2002 年 7 月 9 日,中共中央印发《党政领导干部选拔任用工作条例》。

3 月 18 日　八届全国人大三次会议通过《中华人民共和国教育法》。

5 月 6 日　中共中央、国务院作出《关于加速科学技术进步的决定》,确定实施科教兴国战略。

6 月　《马克思恩格斯全集》中文第二版开始分卷出版。到 2021 年 6 月,已出版 32 卷。

9 月 25 日—28 日　中共十四届五中全会召开。全会通过《关于制定国民经济和社会发展"九五"计划和 2010 年远景目标的建议》。提出,实行经济体制从传统的计划经济体制向社会主义市场经济体制转变,经济增长方式从粗放型向集约型转变这两个具有全局意义的根本性转变。28 日,江泽民在全会上讲话,系统阐述了正确处理改革、发展、稳定关系等社会主义现代化建设中的 12 个重大关系。

11 月 29 日 第十世班禅转世灵童经金瓶掣签认定,国务院特准坚赞诺布继任第十一世班禅额尔德尼。

12 月 中央军委扩大会议通过《"九五"期间军队建设计划纲要》,提出实施科技强军战略。

本年 中国国内生产总值达到 61340 亿元,原定 2000 年比 1980 年翻两番的目标,提前 5 年实现。1997 年,又提前实现人均国内生产总值翻两番的目标。

1996 年

3月8日—25日　为显示中国人民完全有决心、有办法、有能力维护祖国统一,震慑"台独"势力,人民解放军向东海、南海进行发射导弹训练,并在东海、南海进行海空实弹演习和在台湾海峡进行陆海空军联合演习。1998 年 6 月 30 日,美国总统克林顿在访华期间参加与上海市民的座谈时公开重申,美国不支持"台湾独立",不支持"一中一台"、"两个中国",不支持台湾加入任何必须由主权国家才能参加的国际组织。

3月19日　中央政治局常委会会议专题研究新疆稳定工作。1997 年,中央开始从内地省市、国家机关和国有重要企业派出一批骨干力量到新疆工作。此后,对口支援新疆的力度不断加大。

4月5日　中共中央印发《中国共产党地方委员会工作条例(试行)》。2015 年 12 月 25 日,中共中央印发《中国共产党地方委员会工作条例》。

10月7日—10日　中共十四届六中全会召开。全会通过《关于加强社会主义精神文明建设若干重要问题的决议》。指出,社会主义社会是全面发展、全面进步的社会,社会主义现代化事业是物质文明和精神文明协调发展的事业。

12 月 9 日—12 日　全国卫生工作会议召开。1997 年1 月15 日,中共中央、国务院作出《关于卫生改革与发展的决定》。

1997 年

2 月 19 日 邓小平逝世。

3 月 14 日 八届全国人大五次会议通过《中华人民共和国国防法》等;决定批准设立重庆直辖市,撤销原重庆市。

3 月 28 日 中共中央印发《中国共产党党员领导干部廉洁从政若干准则(试行)》。2010 年 1 月 18 日,中共中央印发《中国共产党党员领导干部廉洁从政若干准则》。

5 月 25 日 中共中央、国务院印发《关于党政机关厉行节约制止奢侈浪费行为的若干规定》。

6 月 4 日 国家科技领导小组第三次会议决定制定《国家重点基础研究发展规划》。随后,科技部组织实施国家重点基础研究发展计划("九七三计划"),加强国家战略目标导向的基础研究工作。

6 月 30 日午夜—7 月 1 日凌晨 中英两国政府香港政权交接仪式在香港举行,宣告中国政府对香港恢复行使主权。中华人民共和国香港特别行政区成立。交接仪式后,举行中华人民共和国香港特别行政区成立暨特区政府宣誓就职仪式。中国人民解放军驻港部队于 7 月 1 日零时开始履行香港防务职责。

7 月 亚洲金融危机爆发。12 月 6 日,中共中央、国务院发出《关于深化金融改革,整顿金融秩序,防范金融风险的通知》。

9月2日 国务院发出《关于在全国建立城市居民最低生活保障制度的通知》。

9月12日—18日 中国共产党第十五次全国代表大会举行。大会正式代表2048人,特邀代表60人,代表全国5800多万党员。大会通过的报告《高举邓小平理论伟大旗帜,把建设有中国特色社会主义事业全面推向二十一世纪》,着重阐述邓小平理论的历史地位和指导意义;提出党在社会主义初级阶段的基本纲领;明确公有制为主体、多种所有制经济共同发展是我国社会主义初级阶段的一项基本经济制度;强调依法治国,建设社会主义法治国家;明确我国改革开放和现代化建设跨世纪发展的宏伟目标。大会通过《中国共产党章程修正案》,把邓小平理论同马克思列宁主义、毛泽东思想一道确立为党的指导思想并载入党章。

9月12日 江泽民在中共十五大报告中宣布:在20世纪80年代裁减军队员额100万的基础上,我国将在今后三年内再裁减军队员额50万。2003年9月1日,江泽民在出席庆祝国防科学技术大学成立50周年大会时宣布:在"九五"期间裁减军队员额50万的基础上,2005年前我军再裁减员额20万。

9月19日 中共十五届一中全会选举江泽民为中央委员会总书记,决定江泽民为中央军委主席,批准尉健行为中央纪委书记。

11月8日 长江三峡水利枢纽工程成功实现大江截流。

2012年7月4日,三峡工程最后一台70万千瓦巨型机组正式交付投产。

12月24日 江泽民在会见全国外资工作会议代表时讲话指出,"引进来"和"走出去",是我们对外开放基本国策两个紧密联系、相互促进的方面,缺一不可,这是一个大战略。

12月 中央军委召开扩大会议,提出"打得赢"、"不变质"两个历史性课题。会议制定国防和军队现代化建设"三步走"的发展战略。

1998 年

1月 全国林业计划会议宣布,从 1998 年起,国家将实施以调减木材产量、保护资源、分流人员、提高效益为主要内容的国有林区天然林保护工程。2000 年 10 月,我国全面实施天然林资源保护工程。

3月3日—14日 全国政协九届一次会议举行。会议选举李瑞环为全国政协主席。

3月5日—19日 九届全国人大一次会议举行。会议选举江泽民为国家主席、国家中央军委主席,李鹏为全国人大常委会委员长,决定朱镕基为国务院总理。会议批准国务院机构改革方案,决定调整和减少专业经济部门,加强宏观调控和执法监管部门。

6月9日 中共中央、国务院发出《关于切实做好国有企业下岗职工基本生活保障和再就业工作的通知》,提出实行在国家政策指导下,劳动者自主择业、市场调节就业和政府促进就业的方针。

6月中旬—9月上旬 我国南方特别是长江流域及北方的嫩江、松花江流域出现历史上罕见的特大洪灾。在中共中央、国务院、中央军委领导下,全党全军全国人民团结奋战,取得了抗洪抢险斗争的全面胜利,铸就了万众一心、众志成城、不怕困难、顽强拼搏，坚韧不拔、敢于胜利的伟大抗洪精神。

6 月 26 日　九届全国人大常委会第三次会议通过《中华人民共和国专属经济区和大陆架法》。

7 月　中共中央作出决定，军队、武警部队、政法机关一律不再从事经商活动。

10 月 12 日—14 日　中共十五届三中全会召开。全会通过《关于农业和农村工作若干重大问题的决定》，提出到 2010 年建设有中国特色社会主义新农村的奋斗目标。

11 月 21 日　中共中央印发《关于在县级以上党政领导班子、领导干部中深入开展以"讲学习、讲政治、讲正气"为主要内容的党性党风教育的意见》。到 2000 年底，"三讲"教育基本结束。

同日　中共中央、国务院印发《关于实行党风廉政建设责任制的规定》。2010 年 11 月 10 日，该规定经修订后重新颁布。

12 月 14 日　国务院作出《关于建立城镇职工基本医疗保险制度的决定》。

1999 年

2 月 13 日　中共中央印发《中国共产党农村基层组织工作条例》。

6 月 13 日　中共中央、国务院作出《关于深化教育改革全面推进素质教育的决定》。15 日,江泽民在第三次全国教育工作会议上讲话指出,教育必须以提高国民素质为根本宗旨。

6 月 17 日　江泽民在陕西西安主持召开国有企业改革和发展座谈会时讲话指出,实施西部大开发,是一项振兴中华的宏伟战略任务。2000 年 10 月 26 日,国务院发出《关于实施西部大开发若干政策措施的通知》。

8 月 20 日　中共中央、国务院作出《关于加强技术创新,发展高科技,实现产业化的决定》。23 日至 26 日,中共中央、国务院召开全国技术创新大会。

9 月 18 日　中共中央、国务院、中央军委作出决定,表彰为研制"两弹一星"作出突出贡献的 23 位科技专家,并授予"两弹一星功勋奖章"。同日,表彰为研制"两弹一星"作出突出贡献的科技专家大会召开。会议概括阐述了热爱祖国、无私奉献,自力更生、艰苦奋斗,大力协同、勇于登攀的"两弹一星"精神。

9月19日—22日 中共十五届四中全会召开。全会通过《关于国有企业改革和发展若干重大问题的决定》。

10月1日 首都各界庆祝中华人民共和国成立50周年大会、阅兵仪式和群众游行举行。江泽民检阅受阅部队并发表讲话。

12月19日午夜—20日凌晨 中葡两国政府澳门政权交接仪式在澳门举行,宣告中国政府对澳门恢复行使主权。中华人民共和国澳门特别行政区成立。交接仪式后,举行中华人民共和国澳门特别行政区成立暨特区政府宣誓就职仪式。中国人民解放军驻澳部队于20日零时开始履行澳门防务职责。

2000 年

2 月 25 日　江泽民在广东考察工作听取省委工作汇报时明确提出"三个代表"要求。指出,我们党所以赢得人民的拥护,是因为我们党在革命、建设、改革的各个历史时期,总是代表着中国先进生产力的发展要求,代表着中国先进文化的前进方向,代表着中国最广大人民的根本利益,并通过制定正确的路线方针政策,为实现国家和人民的根本利益而不懈奋斗。5 月 14 日,江泽民在上海主持召开江苏、浙江、上海党建工作座谈会时进一步指出,始终做到"三个代表",是我们党的立党之本、执政之基、力量之源。

3 月 15 日　九届全国人大三次会议通过《中华人民共和国立法法》。2015 年 3 月 15 日,十二届全国人大三次会议通过《关于修改〈中华人民共和国立法法〉的决定》。

6 月 13 日　中共中央、国务院印发《关于促进小城镇健康发展的若干意见》。

10 月 9 日—11 日　中共十五届五中全会召开。全会通过《关于制定国民经济和社会发展第十个五年计划的建议》。指出,人民生活总体上达到了小康水平,从新世纪开始,将进入全面建设小康社会、加快推进社会主义现代化的新的发展阶段。

10 月 11 日 江泽民在中共十五届五中全会闭幕后的讲话中结合新疆的历史和现实,全面阐述打击民族分裂势力、宗教极端势力、恐怖势力,维护新疆稳定的各项工作。强调,保持民族地区、边疆地区稳定和发展,是一个很大的政治、很重要的大局,对国家长治久安和社会政治稳定具有十分重要的意义。

11 月 8 日 贵州洪家渡水电站、引子渡水电站、乌江渡水电站扩机工程同时开工建设,中国西电东送工程全面启动。

2001 年

1 月 10 日　江泽民在全国宣传部长会议上讲话指出,要在全社会大力宣传和弘扬为实现社会主义现代化而不懈奋斗的精神,强调要把依法治国与以德治国紧密结合起来。

2 月 19 日　中共中央、国务院召开国家科学技术奖励大会,授予吴文俊、袁隆平 2000 年度国家最高科学技术奖。

2 月 27 日　博鳌亚洲论坛成立大会在海南博鳌举行。2002 年 4 月 12 日至 13 日,博鳌亚洲论坛首届年会举行。

5 月 24 日—25 日　中央扶贫开发工作会议召开。会议指出,党中央、国务院确定的在 20 世纪末基本解决农村贫困人口温饱问题的战略目标已基本实现。6 月 13 日,国务院印发《中国农村扶贫开发纲要(2001—2010 年)》。

6 月 15 日　中国、俄罗斯、哈萨克斯坦、吉尔吉斯斯坦、塔吉克斯坦、乌兹别克斯坦六国元首共同签署《上海合作组织成立宣言》,在中国、俄罗斯、哈萨克斯坦、吉尔吉斯斯坦、塔吉克斯坦五国元首会晤机制基础上正式建立上海合作组织,并将以互信、互利、平等、协商、尊重多样文明、谋求共同发展为基本内容的"上海精神"写入成立宣言。

6 月 29 日　青藏铁路开工典礼在青海格尔木和西藏拉萨同时举行。2006 年 7 月 1 日,青藏铁路全线建成通车。

7月1日 庆祝中国共产党成立80周年大会召开。江泽民发表讲话,总结党80年来的奋斗业绩和基本经验,阐述"三个代表"重要思想。

9月20日 中共中央印发《公民道德建设实施纲要》,提出要把法制建设与道德建设、依法治国与以德治国紧密结合起来,逐步形成与发展社会主义市场经济相适应的社会主义道德体系。

9月24日—26日 中共十五届六中全会召开。全会通过《关于加强和改进党的作风建设的决定》,提出作风建设"八个坚持、八个反对"的要求。

10月21日 亚太经合组织第九次领导人非正式会议在上海召开。江泽民讲话指出,只有使国际社会的广大成员都受益,经济全球化才能顺利地推进,世界经济才能持续稳定地发展。

11月10日 在卡塔尔首都多哈召开的世界贸易组织第四届部长级会议以全体协商一致的方式,审议并通过中国加入世界贸易组织的决定。12月11日,中国正式成为世界贸易组织成员,中国对外开放进入新的阶段。

2002 年

1 月 10 日 国务院西部开发办公室召开退耕还林工作电视电话会议,确定在过去两年试点工作的基础上,全面启动退耕还林工程。12 月 14 日,国务院发布《退耕还林条例》。

7 月 4 日 西气东输一线工程(新疆轮南至上海)开工典礼举行。此后又建设了西气东输二线工程、三线工程。

9 月 12 日 江泽民在全国再就业工作会议上讲话,提出就业是民生之本。30 日,中共中央、国务院发出《关于进一步做好下岗失业人员再就业工作的通知》,确立积极就业政策的基本框架。

10 月 19 日 中共中央、国务院作出《关于进一步加强农村卫生工作的决定》。到 2008 年 6 月底,新型农村合作医疗制度覆盖到全国 31 个省、自治区、直辖市。

11 月 8 日—14 日 中国共产党第十六次全国代表大会举行。大会正式代表 2114 人,特邀代表 40 人,代表全国 6600多万党员。大会通过的报告《全面建设小康社会,开创中国特色社会主义事业新局面》,提出全面建设小康社会的奋斗目标,阐述全面贯彻"三个代表"重要思想的根本要求。大会通过《中国共产党章程(修正案)》,把"三个代表"重要思想同马克思列宁主义、毛泽东思想、邓小平理论一道确立为党的指导思想并载入党章。

11 月 15 日 中共十六届一中全会选举胡锦涛为中央委员会总书记,决定江泽民为中央军委主席,批准吴官正为中央纪委书记。

12 月 5 日—6 日 胡锦涛带领中央书记处成员到西柏坡学习考察,重温毛泽东关于"两个务必"的重要论述。

12 月 26 日 十六届中央政治局进行第一次集体学习。到 2007 年 9 月,共集体学习 44 次。

12 月 27 日 南水北调工程开工典礼在北京人民大会堂和江苏省、山东省施工现场同时举行。2013 年 11 月 15 日,南水北调东线一期工程正式通水。2014 年 12 月 12 日,南水北调中线一期工程正式通水。

2003 年

1月8日 胡锦涛在中央农村工作会议上讲话指出,必须统筹城乡经济社会发展,把解决好农业、农村和农民问题作为全党工作的重中之重,放在更加突出的位置;要坚持"多予、少取、放活"的方针,发挥城市对农村带动作用,实现城乡经济社会一体化发展。16日,中共中央、国务院印发《关于做好农业和农村工作的意见》。

3月3日—14日 全国政协十届一次会议举行。会议选举贾庆林为全国政协主席。

3月4日 胡锦涛在参加全国政协十届一次会议少数民族界委员联组讨论时指出,各民族共同团结奋斗、共同繁荣发展是新世纪新阶段民族工作的主题。

3月5日—18日 十届全国人大一次会议举行。会议选举胡锦涛为国家主席,江泽民为国家中央军委主席,吴邦国为全国人大常委会委员长,决定温家宝为国务院总理。

春 我国遭遇非典型肺炎重大疫情。全党全国人民在中共中央、国务院领导下,坚持一手抓防治非典,一手抓经济建设,夺取了防治非典工作的重大胜利。7月28日,胡锦涛在全国防治非典工作会议上讲话,提出从长远看要进一步研究并切实抓好经济社会协调发展。

6 月 29 日 内地与香港签署《内地与香港关于建立更紧密经贸关系的安排》。10 月 17 日,内地与澳门签署《内地与澳门关于建立更紧密经贸关系的安排》。

8 月 28 日—9 月 1 日 胡锦涛在江西考察工作期间明确提出,要牢固树立协调发展、全面发展、可持续发展的科学发展观。

10 月 5 日 中共中央、国务院印发《关于实施东北地区等老工业基地振兴战略的若干意见》。

10 月 11 日—14 日 中共十六届三中全会召开。全会通过《关于完善社会主义市场经济体制若干问题的决定》,明确完善社会主义市场经济体制的主要任务,提出坚持以人为本,树立全面、协调、可持续的发展观,促进经济社会和人的全面发展。

10 月 15 日—16 日 神舟五号载人飞船成功升空并安全返回,首次载人航天飞行获得圆满成功,中国成为世界上第三个独立掌握载人航天技术的国家。2008 年 9 月 27 日,神舟七号载人飞船实施宇航员空间出舱活动,中国成为世界上第三个独立掌握空间出舱技术的国家。2012 年 6 月 18 日、24 日,神舟九号载人飞船与天宫一号目标飞行器先后成功进行自动交会对接和航天员手控交会对接。

12 月 10 日 中国政府在联合国高级别政治会议上签署《联合国反腐败公约》。2005 年 10 月 27 日,十届全国人大常委会第十八次会议审议并批准《联合国反腐败公约》。2006 年 2 月,我国成为《联合国反腐败公约》缔约国,反腐败的国际合作得到加强。

12 月 19 日　　胡锦涛在全国人才工作会议上讲话指出，落实好人才强国战略，必须树立适应新形势新任务要求的科学人才观，使我国由人口大国转化为人才资源强国。26 日，中共中央、国务院作出《关于进一步加强人才工作的决定》。

2004 年

1 月 5 日 中共中央印发《关于进一步繁荣发展哲学社会科学的意见》。

2 月 26 日 中共中央、国务院印发《关于进一步加强和改进未成年人思想道德建设的若干意见》。8 月 26 日,中共中央、国务院印发《关于进一步加强和改进大学生思想政治教育的意见》。

3 月 10 日 胡锦涛在中央人口资源环境工作座谈会上讲话,全面阐述科学发展观的深刻内涵和基本要求。

4 月 27 日 胡锦涛在会见中央实施马克思主义理论研究和建设工程工作会议全体代表时指出,实施马克思主义理论研究和建设工程是关系党和国家事业发展的战略任务,是加强党的理论建设的重大举措。

7 月 28 日 中国第一个北极科学考察站——黄河站在挪威斯匹次卑尔根群岛的新奥尔松建成并投入使用。2013 年 5 月 15 日,中国成为北极理事会正式观察员。

8 月 22 日 纪念邓小平诞辰 100 周年大会召开。胡锦涛发表讲话,高度评价邓小平为民族独立、人民解放和国家富强、人民幸福建立的不朽功勋,强调邓小平理论和"三个代表"重要思想是指引我们胜利前进的伟大旗帜。

9 月 16 日—19 日　中共十六届四中全会召开。全会通过《关于加强党的执政能力建设的决定》,同意江泽民辞去中央军委主席职务,决定胡锦涛为中央军委主席。

11 月 7 日　中共中央印发《关于在全党开展以实践"三个代表"重要思想为主要内容的保持共产党员先进性教育活动的意见》。2005 年 1 月至 2006 年 6 月,全党开展了这一教育活动。

12 月 24 日　胡锦涛在中央军委扩大会议上讲话,提出新世纪新阶段人民解放军的历史使命:为党巩固执政地位提供重要力量保证,为维护国家发展的重要战略机遇期提供坚强安全保障,为维护国家利益提供有力战略支撑,为维护世界和平与促进共同发展发挥重要作用。

2005 年

1 月 3 日　中共中央印发《建立健全教育、制度、监督并重的惩治和预防腐败体系实施纲要》。

2 月 18 日　中共中央印发《关于进一步加强中国共产党领导的多党合作和政治协商制度建设的意见》。

2 月 19 日　国务院印发《关于鼓励支持和引导个体私营等非公有制经济发展的若干意见》。

3 月 5 日—14 日　十届全国人大三次会议举行。会议通过《反分裂国家法》，明确国家绝不允许"台独"分裂势力以任何名义、任何方式把台湾从中国分裂出去。会议选举胡锦涛为国家中央军委主席。

4 月 17 日　国务院印发《国家突发公共事件总体应急预案》。

4 月 22 日　胡锦涛在雅加达亚非峰会上提出，推动不同文明友好相处、平等对话、发展繁荣，共同构建一个和谐世界。

4 月 27 日　十届全国人大常委会第十五次会议通过《中华人民共和国公务员法》。2018 年 12 月 29 日，十三届全国人大常委会第七次会议通过修订的《中华人民共和国公务员法》。

4 月 29 日　中共中央总书记胡锦涛在北京同中国国民

党主席连战举行正式会谈。会后双方共同发布"两岸和平发展共同愿景"。这是 60 年来国共两党主要领导人首次会谈。

5 月 31 日　中共中央、国务院作出《关于进一步加强民族工作加快少数民族和民族地区经济社会发展的决定》。

6 月 23 日　国务院、中央军委公布《中国人民解放军文职人员条例》,决定在全军实行文职人员制度。

7 月 21 日　经国务院批准,中国人民银行宣布:自当日起,我国开始实行以市场供求为基础、参考一篮子货币进行调节、有管理的浮动汇率制度。

10 月 8 日—11 日　中共十六届五中全会召开。全会通过《关于制定国民经济和社会发展第十一个五年规划的建议》,将单位国内生产总值能源消耗降低作为国民经济和社会发展的目标。

12 月 23 日　中共中央、国务院印发《关于深化文化体制改革的若干意见》。

12 月 29 日　十届全国人大常委会第十九次会议决定,自 2006 年 1 月 1 日起废止《中华人民共和国农业税条例》。在中国延续两千多年的农业税正式成为历史。

12 月 31 日　中共中央、国务院印发《关于推进社会主义新农村建设的若干意见》。

2006 年

1 月 26 日　中共中央、国务院作出《关于实施科技规划纲要增强自主创新能力的决定》，提出增强自主创新能力，努力建设创新型国家。

1 月 31 日　国务院印发《关于解决农民工问题的若干意见》。指出，要逐步建立城乡统一的劳动力市场和公平竞争的就业制度，保障农民工合法权益的政策体系和执法监督机制，惠及农民工的城乡公共服务体制和制度。2014 年 9 月 12 日，国务院印发《关于进一步做好为农民工服务工作的意见》，部署进一步做好新形势下为农民工服务工作，切实解决农民工面临的突出问题，有序推进农民工市民化。

2 月 8 日　中共中央印发《关于加强人民政协工作的意见》。

3 月 4 日　胡锦涛在参加全国政协十届四次会议民盟、民进界委员联组讨论时讲话，提出社会主义荣辱观。

4 月 15 日　中共中央、国务院印发《关于促进中部地区崛起的若干意见》。

8 月　《江泽民文选》第一至第三卷出版。

10 月 8 日—11 日　中共十六届六中全会召开。全会通过《关于构建社会主义和谐社会若干重大问题的决定》。指出,社会和谐是中国特色社会主义的本质属性,强调要按照民主法治、公平正义、诚信友爱、充满活力、安定有序、人与自然和谐相处的总要求,构建社会主义和谐社会,推动社会建设与经济建设、政治建设、文化建设协调发展。

11月4日—5日 中非合作论坛北京峰会举行。峰会通过《中非合作论坛北京峰会宣言》和《中非合作论坛—北京行动计划(2007—2009年)》。

2007 年

3 月 16 日 十届全国人大五次会议通过《中华人民共和国物权法》和《中华人民共和国企业所得税法》。

4 月 14 日 中国成功发射第一颗北斗二号导航卫星,正式开始独立自主建设我国第二代卫星导航系统。

6 月 3 日 国务院印发《中国应对气候变化国家方案》。这是中国第一部应对气候变化的全面的政策性文件,也是发展中国家颁布的第一部应对气候变化的国家方案。

7 月 1 日 胡锦涛在庆祝香港回归祖国 10 周年大会暨香港特别行政区第三届政府就职典礼上讲话指出,"一国两制"是完整的概念。"一国"和"两制"不能相互割裂,更不能相互对立。"一国"就是要维护中央依法享有的权力,维护国家主权、统一、安全。"两制"就是要保障香港特别行政区依法享有的高度自治权,支持行政长官和特别行政区政府依法施政。

7 月 10 日 国务院印发《关于开展城镇居民基本医疗保险试点的指导意见》,旨在逐步建立以大病统筹为主的城镇居民基本医疗保险制度。

7 月 11 日 国务院发出《关于在全国建立农村最低生活保障制度的通知》。指出,将符合条件的农村贫困人口全部纳入保障范围,稳定、持久、有效地解决全国农村贫困人口的温饱问题。

8月1日 胡锦涛在庆祝中国人民解放军建军80周年暨全军英雄模范代表大会上讲话指出,在80年的顽强奋斗中,人民解放军培育和形成了优良革命传统,集中起来就是听党指挥、服务人民、英勇善战。2008年12月24日,胡锦涛在中央军委扩大会议上讲话,提出忠诚于党、热爱人民、报效国家、献身使命、崇尚荣誉的当代革命军人核心价值观。

8月30日 十届全国人大常委会第二十九次会议通过《中华人民共和国反垄断法》和《中华人民共和国就业促进法》。

10月15日—21日 中国共产党第十七次全国代表大会举行。大会正式代表2213人,特邀代表57人,代表全国7300多万党员。大会通过的报告《高举中国特色社会主义伟大旗帜,为夺取全面建设小康社会新胜利而奋斗》,全面阐述科学发展观的科学内涵、精神实质和根本要求,明确科学发展观第一要义是发展,核心是以人为本,基本要求是全面协调可持续,根本方法是统筹兼顾。大会通过《中国共产党章程(修正案)》,把科学发展观写入党章。

10月22日 中共十七届一中全会选举胡锦涛为中央委员会总书记,决定胡锦涛为中央军委主席,批准贺国强为中央纪委书记。

10月24日 中国第一颗绕月探测卫星嫦娥一号发射成功,11月5日进入环月轨道,标志着中国首次月球探测工程取得圆满成功。2010年10月1日,嫦娥二号成功发射。

11 月 27 日　十七届中央政治局进行第一次集体学习。到 2012 年 10 月, 共集体学习 33 次。

2008 年

1 月 15 日　胡锦涛在中共十七届中央纪委二次全会上讲话指出,要着力加强以完善惩治和预防腐败体系为重点的反腐倡廉建设。

3 月 3 日—14 日　全国政协十一届一次会议举行。会议选举贾庆林为全国政协主席。

3 月 5 日—18 日　十一届全国人大一次会议举行。会议批准《国务院机构改革方案》,探索实行职能有机统一的大部门体制。会议选举胡锦涛为国家主席、国家中央军委主席,吴邦国为全国人大常委会委员长,决定温家宝为国务院总理。

5 月 12 日　四川汶川发生里氏 8.0 级特大地震。在中共中央、国务院和中央军委领导下,我国组织开展了历史上救援速度最快、动员范围最广、投入力量最大的抗震救灾斗争,夺取了抗震救灾斗争的重大胜利,形成了万众一心、众志成城,不畏艰险、百折不挠,以人为本、尊重科学的伟大抗震救灾精神。

6 月 5 日　国务院印发《国家知识产权战略纲要》。

6 月 8 日　中共中央、国务院印发《关于全面推进集体林权制度改革的意见》,规定林地的承包期为 70 年,承包期届满可以按照国家有关规定继续承包。

8月1日 中国第一条拥有完全自主知识产权、具有世界一流水平的高速铁路——京津城际铁路通车运营。到2020年底,全国高速铁路营业里程达3.8万公里。

8月8日—24日、9月6日—17日 第29届夏季奥运会、第13届夏季残奥会先后在北京成功举办。这是中国首次举办夏季奥运会、残奥会。

9月14日 中共中央印发《关于在全党开展深入学习实践科学发展观活动的意见》。2008年9月至2010年2月,全党分批开展了这一活动。

10月7日 中央政治局常委会会议专题听取有关国际金融危机情况和应采取应对措施的汇报。11月5日,国务院召开常务会议,研究部署进一步扩大内需促进经济平稳较快增长的措施。此前,9月中旬,由2007年美国次贷危机引发的国际金融危机全面爆发。

10月9日—12日 中共十七届三中全会召开。全会通过《关于推进农村改革发展若干重大问题的决定》,赋予农民更加充分而有保障的土地承包经营权,现有土地承包关系要保持稳定并长久不变。

12月15日 海峡两岸分别在北京、天津、上海、福州、深圳以及台北、高雄、基隆等城市同时举行海运直航、空运直航、直接通邮的启动和庆祝仪式。2009年6月30日,台湾当局开放大陆资本赴台投资;8月31日,两岸定期航班正式开通。至此,两岸实现全面、直接、双向"三通"。

12月26日 根据联合国安理会有关决议,中国人民解放军海军首批舰艇编队赴亚丁湾、索马里海域执行护航任务。

这是中国海军首次组织海上作战力量赴海外履行国际人道主义义务、首次在远海保护重要运输线安全。

12 月 31 日　胡锦涛在纪念《告台湾同胞书》发表 30 周年座谈会上发表《携手推动两岸关系和平发展，同心实现中华民族伟大复兴》讲话，就推动两岸关系和平发展提出六点意见。

2009 年

2 月 28 日　十一届全国人大常委会第七次会议通过《中华人民共和国食品安全法》。

3 月 17 日　中共中央、国务院印发《关于深化医药卫生体制改革的意见》。指出,实行政事分开、管办分开、医药分开、营利性和非营利性分开,建设覆盖城乡居民的基本医疗卫生制度。

6 月 16 日　胡锦涛出席在俄罗斯叶卡捷琳堡举行的金砖国家(中国、俄罗斯、巴西、印度)领导人首次正式会晤并发表讲话。2011 年 4 月,南非作为正式成员加入金砖国家合作机制,金砖国家正式扩为五国。

9 月 1 日　国务院印发《关于开展新型农村社会养老保险试点的指导意见》。2011 年 6 月 7 日,国务院印发《关于开展城镇居民社会养老保险试点的指导意见》。到 2012 年 7 月 1 日,我国基本实现社会养老保险制度全覆盖。

9 月 15 日—18 日　中共十七届四中全会召开。全会通过《关于加强和改进新形势下党的建设若干重大问题的决定》,提出不断提高党的建设科学化水平、建设马克思主义学习型政党等重大任务。

10 月 1 日　首都各界庆祝中华人民共和国成立 60 周年

大会、阅兵仪式和群众游行举行。胡锦涛检阅受阅部队并发表讲话。

12 月 31 日　国务院印发《关于推进海南国际旅游岛建设发展的若干意见》。

2010 年

1 月 1 日 中国—东盟自由贸易区正式全面启动。

3 月 14 日 十一届全国人大三次会议通过《关于修改〈中华人民共和国全国人民代表大会和地方各级人民代表大会选举法〉的决定》。由此,全国实行城乡按相同人口比例选举人大代表。

4 月 1 日 中共中央、国务院印发《国家中长期人才发展规划纲要(2010—2020 年)》。

4 月 5 日 中共中央办公厅转发中央组织部、中央宣传部《关于在党的基层组织和党员中深入开展创先争优活动的意见》,对开展创先争优活动作出部署。

4 月 30 日 2010 年上海世界博览会举行开幕式。这是中国首次举办的综合性世界博览会。10 月 31 日,博览会闭幕。

5 月 26 日 中共中央办公厅、国务院办公厅印发《关于领导干部报告个人有关事项的规定》。2017 年 2 月 8 日,中共中央办公厅、国务院办公厅印发修订的《领导干部报告个人有关事项规定》。

6 月 19 日 中共中央印发《关于加强和改进新形势下党史工作的意见》,深刻阐述党史工作的意义,明确规定新形势下党史工作的指导思想、基本要求和主要任务,对加强党对党史工作的领导、提高党史工作科学化水平提出新要求。7 月 21 日,中共中央召开全国党史工作会议。

6 月 29 日　海峡两岸关系协会与台湾海峡交流基金会在重庆签署《海峡两岸经济合作框架协议》。

7 月 8 日　中共中央、国务院印发《国家中长期教育改革和发展规划纲要(2010—2020 年)》。

10 月 10 日　国务院作出《关于加快培育和发展战略性新兴产业的决定》。

10 月 15 日—18 日　中共十七届五中全会召开。全会通过《关于制定国民经济和社会发展第十二个五年规划的建议》。

12 月 21 日　国务院印发《全国主体功能区规划》。这是新中国成立以来第一个全国性国土空间开发规划。

本年　中国国内生产总值超过 40 万亿元,成为世界第二大经济体。

2011 年

2 月 22 日—3 月 5 日　因利比亚国内形势发生重大变化,中国政府分批组织船舶、飞机,安全有序撤离中国在利比亚人员(包括港澳台同胞)35860 人。这是新中国成立以来最大规模的有组织撤离海外中国公民行动。

2 月 25 日　十一届全国人大常委会第十九次会议通过《中华人民共和国非物质文化遗产法》。

3 月 14 日　十一届全国人大四次会议批准的全国人大常委会工作报告宣布:以宪法为统帅,以宪法相关法、民法商法等多个法律部门的法律为主干,由法律、行政法规、地方性法规等多个层次的法律规范构成的中国特色社会主义法律体系已经形成。

3 月 23 日　中共中央、国务院印发《关于分类推进事业单位改革的指导意见》,对事业单位改革作出全面部署。

5 月 27 日　中共中央、国务院印发《中国农村扶贫开发纲要(2011—2020 年)》。

7 月 1 日　庆祝中国共产党成立 90 周年大会召开。胡锦涛讲话指出,经过 90 年的奋斗、创造、积累,党和人民必须倍加珍惜、长期坚持、不断发展的成就是:开辟了中国特色社会主义道路,形成了中国特色社会主义理论体系,确立了中国特色社会主义制度。

7月5日 中共中央、国务院印发《关于加强和创新社会管理的意见》。

10月15日—18日 中共十七届六中全会召开。全会通过《关于深化文化体制改革推动社会主义文化大发展大繁荣若干重大问题的决定》,提出坚持中国特色社会主义文化发展道路、努力建设社会主义文化强国的战略任务。

2012 年

3 月 3 日、9 月 10 日、9 月 15 日、9 月 21 日 中国先后公布钓鱼岛及其附属岛屿标准名称、领海基线,钓鱼岛及其部分附属岛屿地理坐标,钓鱼岛等岛屿及其周边海域部分地理实体的标准名称及位置示意图。

6 月 27 日 蛟龙号载人潜水器最大下潜深度达到 7062 米。中国海底载人科学研究和资源勘探能力达到国际领先水平。

7 月 6 日 胡锦涛在全国科技创新大会上讲话指出,必须把创新驱动发展作为面向未来的一项重大战略,一以贯之、长期坚持,推动科技实力、经济实力、综合国力实现新的重大跨越。

7 月 24 日 海南省三沙市成立大会暨揭牌仪式举行。三沙市管辖西沙群岛、中沙群岛、南沙群岛的岛礁及其海域,三沙市人民政府驻西沙永兴岛。

9 月 25 日 中国第一艘航空母舰辽宁舰正式交付海军。胡锦涛出席交接入列仪式并登舰视察。

11 月 8 日—14 日 中国共产党第十八次全国代表大会举行。大会正式代表 2268 人,特邀代表 57 人,代表全国 8200 多万党员。大会通过的报告《坚定不移沿着中国特色社会主义道路前进,为全面建成小康社会而奋斗》,确定全面建成小康社会和全面深化改革开放的目标,阐明中国特色社会主义道路、中国特色社会主义理论体系、中国特色社会主义制度的科学内涵及其相互联系。大会通过《中国共产党章程(修正案)》,把科学发展观同马克思列宁主义、毛泽东思想、邓小平理论、"三个代表"重要思想一道确立为党的指导思想并载入党章。

11 月 15 日　中共十八届一中全会选举习近平、李克强、张德江、俞正声、刘云山、王岐山、张高丽为中央政治局常委,习近平为中央委员会总书记,决定习近平为中央军委主席,批准王岐山为中央纪委书记。同日,习近平在十八届中央政治局常委同中外记者见面时指出,人民对美好生活的向往,就是我们的奋斗目标。

11 月 17 日　十八届中央政治局就深入学习贯彻党的十八大精神进行第一次集体学习。到 2017 年 9 月,围绕有关重大理论和实践问题共进行集体学习 43 次。

11 月 29 日　习近平在国家博物馆参观《复兴之路》展览时指出,实现中华民族伟大复兴,就是中华民族近代以来最伟大的梦想。2013 年 3 月 17 日,习近平在十二届全国人大一次会议闭幕会上讲话指出,实现中华民族伟大复兴的中国梦,就是要实现国家富强、民族振兴、人民幸福。实现中国梦,必须走中国道路、弘扬中国精神、凝聚中国力量。

12 月 4 日　中央政治局会议通过《十八届中央政治局关于改进工作作风、密切联系群众的八项规定》。

12 月 7 日—11 日　习近平在广东考察工作期间讲话指

出,我国改革已经进入攻坚期和深水区,我们必须以更大的政治勇气和智慧,不失时机深化重要领域改革。要坚持改革开放正确方向,敢于啃硬骨头,敢于涉险滩,既勇于冲破思想观念的障碍,又勇于突破利益固化的藩篱,做到改革不停顿、开放不止步。

12 月 29 日 习近平在考察河北时指出,全面建成小康社会,最艰巨最繁重的任务在农村、特别是在贫困地区。没有农村的小康,特别是没有贫困地区的小康,就没有全面建成小康社会。2013 年 11 月,习近平在考察湖南时提出"精准扶贫"的理念。

2013 年

1 月 5 日—7 日　新进中央委员会的委员、候补委员学习贯彻党的十八大精神研讨班召开。习近平讲话指出，只要我们坚持独立自主走自己的路，毫不动摇坚持和发展中国特色社会主义，我们就一定能在中国共产党成立一百年时全面建成小康社会，就一定能在新中国成立一百年时建成富强民主文明和谐的社会主义现代化国家。

1 月 21 日—22 日　十八届中央纪委二次全会召开。习近平讲话强调，要坚持"老虎"、"苍蝇"一起打，既坚决查处领导干部违纪违法案件，又切实解决发生在群众身边的不正之风和腐败问题；要加强对权力运行的制约和监督，把权力关进制度的笼子里。到 2017 年 10 月十八届中央纪委八次全会，习近平五次在中央纪委全会上讲话。

1 月 26 日　中国自主研制的运-20 大型运输机首次试飞取得圆满成功。2016 年 7 月 6 日，运-20 大型运输机正式列装空军航空兵部队。

2 月 26 日—28 日　中共十八届二中全会召开。全会通过《国务院机构改革和职能转变方案》。

2 月 27 日　十一届全国人大常委会第三十一次会议通过全国人大常委会代表资格审查委员会关于十二届全国人大

代表的代表资格的审查报告。十二届全国人大代表选举是2010年修改选举法后,首次实行城乡按相同人口比例进行的选举。

3月3日—12日　全国政协十二届一次会议举行。会议选举俞正声为全国政协主席。

3月5日—17日　十二届全国人大一次会议举行。会议选举习近平为国家主席、国家中央军委主席,张德江为全国人大常委会委员长,决定李克强为国务院总理。会议批准《国务院机构改革和职能转变方案》。

3月11日　习近平在出席十二届全国人大一次会议解放军代表团全体会议时讲话指出,建设一支听党指挥、能打胜仗、作风优良的人民军队,是党在新形势下的强军目标。

3月22日—30日　习近平对俄罗斯、坦桑尼亚、南非、刚果共和国进行国事访问,并出席在南非举行的金砖国家领导人第五次会晤。23日,在俄罗斯莫斯科国际关系学院发表演讲,倡导构建人类命运共同体,呼吁各国共同推动建立以合作共赢为核心的新型国际关系。25日,在坦桑尼亚尼雷尔国际会议中心发表演讲时首次提出"真实亲诚"的对非政策理念和正确义利观。

4月24日　为适应职能转变新要求,国务院常务会议决定先行取消和下放71项行政审批事项。到2020年底,国务院围绕协同推进简政放权、放管结合、优化服务(简称"放管服")改革,先后取消和下放国务院部门行政审批事项的比例达47%,彻底终结非行政许可审批,压减国务院部门行政审批中介服务事项达71%。工商登记前置审批事项压减87%。

我国营商环境明显改善，全球营商环境排名明显提升。

4月25日 中央政治局常委会召开会议，研究当前经济形势和经济工作。此后，中央政治局形成制度，原则上每个季度召开会议研究经济形势。

4月26日 中国成功发射高分辨率对地观测系统首星高分一号。此后，又成功发射高分二号至高分十四号卫星，初步构成中国自主高分辨率对地观测系统并形成体系能力。到2020年底，高分遥感数据在20多个行业、30多个区域得到广泛应用。

5月9日 中共中央印发《关于在全党深入开展党的群众路线教育实践活动的意见》。2013年6月至2014年9月，全党分两批开展以为民务实清廉为主要内容的党的群众路线教育实践活动，集中整治形式主义、官僚主义、享乐主义和奢靡之风"四风"问题。

5月17日—18日 中央巡视工作动员暨培训会议召开。十八届中共中央共开展12轮巡视，巡视277个党组织，在党的历史上首次实现一届任期内巡视全覆盖。2015年8月3日，中共中央印发《中国共产党巡视工作条例》。2017年7月1日，该条例经修订后重新颁布。到2021年6月，十九届中共中央已开展7轮巡视。

6月28日—29日 全国组织工作会议召开。习近平明确提出信念坚定、为民服务、勤政务实、敢于担当、清正廉洁的好干部标准。

7月4日 国务院印发《关于加快棚户区改造工作的意见》。

7月9日、16日 国务院召开经济形势座谈会,明确提出区间调控思路,即经济运行要保持在合理区间,经济增长率、就业水平等不滑出"下限",物价涨幅等不超出"上限"。此后,在2014年、2015年又相继提出实施定向调控、相机调控和精准调控。

8月17日 国务院正式批准设立中国(上海)自由贸易试验区。到2020年8月,自贸试验区试点由上海逐步扩大到21个省(自治区、直辖市)。

8月19日—20日 全国宣传思想工作会议召开。习近平讲话指出,要巩固马克思主义在意识形态领域的指导地位,巩固全党全国人民团结奋斗的共同思想基础;我们正在进行具有许多新的历史特点的伟大斗争,面临的挑战和困难前所未有,必须坚持巩固壮大主流思想舆论,弘扬主旋律,传播正能量,激发全社会团结奋进的强大力量。

9月7日、10月3日 习近平分别在哈萨克斯坦纳扎尔巴耶夫大学、印度尼西亚国会发表演讲,先后提出共同建设"丝绸之路经济带"与"21世纪海上丝绸之路",即"一带一路"倡议。

9月29日 《中国(上海)自由贸易试验区外商投资准入特别管理措施(负面清单)(2013年)》发布。这是中国第一次用负面清单管理外商对华投资。2020年6月发布的《自由贸易试验区外商投资准入特别管理措施(负面清单)(2020年版)》,清单条目已由2013年的190条减至30条。

10月21日 欧美同学会成立100周年庆祝大会召开。习近平提出支持留学、鼓励回国、来去自由、发挥作用的留学人员工作方针。

10月24日—25日 中共中央召开周边外交工作座谈会。习近平讲话指出,我国周边外交的基本方针,就是坚持与邻为善、以邻为伴,坚持睦邻、安邻、富邻,突出体现亲、诚、惠、容的理念;外交工作要坚持正确义利观,多向发展中国家提供力所能及的帮助。

11月5日 中共中央印发《中央党内法规制定工作五年规划纲要(2013—2017年)》。编制中央党内法规制定工作五年规划,这在中国共产党历史上是第一次。2018年2月9日,中共中央印发《中央党内法规制定工作第二个五年规划(2018—2022年)》。

11月9日—12日 中共十八届三中全会召开。全会通过《关于全面深化改革若干重大问题的决定》。全会指出,全面深化改革的总目标是完善和发展中国特色社会主义制度,推进国家治理体系和治理能力现代化;经济体制改革核心问题是处理好政府和市场的关系,使市场在资源配置中起决定性作用和更好发挥政府作用。

11月18日 中共中央、国务院印发《党政机关厉行节约反对浪费条例》。依据条例,党政机关经费管理、国内差旅、因公临时出国(境)、培训、公务接待、公务用车、会议活动、办公用房、基层党建活动、资源节约等方面的党内法规和规范性文件相继出台。

11月23日 中国政府宣布划设东海防空识别区,并发布航空器识别规则公告和识别区示意图。同日,中国空军在识别区内进行首次空中巡逻。

12月2日 嫦娥三号发射成功并于14日在月面成功软着陆。2018年12月8日,嫦娥四号探测器成功发射,2019年1月3日实现世界首次月球背面软着陆,并开展就位探测与巡视探测。2020年11月24日,嫦娥五号探测器成功发射,并于12月17日携带月球样品安全返回着陆。

12月10日 习近平在中央经济工作会议上提出"新常态"。2014年12月9日,习近平在中央经济工作会议上讲话指出,我国经济正在向形态更高级、分工更复杂、结构更合理的阶段演化,经济发展进入新常态;认识新常态,适应新常态,引领新常态,是当前和今后一个时期我国经济发展的大逻辑。

12月11日 中共中央办公厅印发《关于培育和践行社会主义核心价值观的意见》。指出,富强、民主、文明、和谐、自由、平等、公正、法治、爱国、敬业、诚信、友善,是社会主义核心价值观的基本内容。

12月12日—13日 首次中央城镇化工作会议召开。习近平讲话指出,城镇化是现代化的必由之路,推进城镇化既要积极、又要稳妥、更要扎实,方向要明,步子要稳,措施要实。2014年3月12日,中共中央、国务院印发《国家新型城镇化规划(2014—2020年)》。到2020年底,全国常住人口城镇化率达到63.89%。

12月21日 中共中央、国务院印发《关于调整完善生育政策的意见》,提出单独两孩的政策。2015年12月31日,中共中央、国务院作出《关于实施全面两孩政策改革完善计划生育服务管理的决定》。2016年1月1日,修改后的《中华人民共和国人口与计划生育法》正式实施,明确国家提倡一对夫妻生育两个子女。2021年5月31日,中央政治局会议审议《关于优化生育政策促进人口长期均衡发展的决定》,提出实施一对夫妻可以生育三个子女政策及配套支持措施。

12月 《习近平关于实现中华民族伟大复兴的中国梦论述摘编》出版发行。此后,围绕统筹推进"五位一体"总体布局、协调推进"四个全面"战略布局等,习近平有关论述摘编、专题文集相继出版发行。

本年 中国成为世界第一货物贸易大国,货物进出口总额为4.16万亿美元。

2014 年

1 月 2 日　中共中央、国务院印发《关于全面深化农村改革加快推进农业现代化的若干意见》。指出,把饭碗牢牢端在自己手上,是治国理政必须长期坚持的基本方针;提出抓紧构建新形势下以我为主、立足国内、确保产能、适度进口、科技支撑的国家粮食安全战略。

1 月 7 日—8 日　中央政法工作会议召开。习近平讲话强调,要把维护社会大局稳定作为基本任务,把促进社会公平正义作为核心价值追求,把保障人民安居乐业作为根本目标,坚持严格执法公正司法,深化司法体制改革,加强和改进政法工作。

1 月 14 日　中共中央印发修订后的《党政领导干部选拔任用工作条例》。2019 年 3 月 3 日,该条例重新修订后施行。

1 月 21 日　国务院印发《国家集成电路产业发展推进纲要》,提出到 2030 年,集成电路产业链主要环节达到国际先进水平,实现跨越发展。2020 年 7 月 27 日,国务院印发《新时期促进集成电路产业和软件产业高质量发展的若干政策》。

2 月 7 日　国务院印发《注册资本登记制度改革方案》,明确"实缴制"改为"认缴制",企业年检制度改为年报公示制度。

2月18日 习近平在会见中国国民党荣誉主席连战时提出,两岸双方应秉持"两岸一家亲"理念,共圆中华民族伟大复兴的中国梦。

2月21日 国务院印发《关于建立统一的城乡居民基本养老保险制度的意见》。2015年1月3日,国务院作出《关于机关事业单位工作人员养老保险制度改革的决定》。2018年5月30日,国务院发出《关于建立企业职工基本养老保险基金中央调剂制度的通知》。到2021年3月底,全国基本养老保险参保人数已超过10亿,达到10.07亿人。

2月26日 习近平主持召开座谈会听取京津冀协同发展专题汇报,提出实现京津冀协同发展是一个重大国家战略。2015年6月9日,中共中央、国务院印发《京津冀协同发展规划纲要》。

2月27日 习近平在中央网络安全和信息化领导小组第一次会议上讲话指出,努力把我国建设成为网络强国,强调要把握好网上舆论引导的时、度、效,使网络空间清朗起来。

同日 十二届全国人大常委会第七次会议通过《关于确定中国人民抗日战争胜利纪念日的决定》,将9月3日确定为中国人民抗日战争胜利纪念日;通过《关于设立南京大屠杀死难者国家公祭日的决定》,将12月13日设立为南京大屠杀死难者国家公祭日。

3月19日 中共中央办公厅、国务院办公厅印发《关于深化司法体制和社会体制改革的意见》。改革的重点是完善司法人员分类管理制度、完善司法责任制、健全司法人员职业保障、推动省以下地方法院检察院人财物统一管理等。

3月24日 习近平出席在荷兰海牙召开的第三届核安全峰会并发表讲话,提出"理性、协调、并进"的中国核安全观。

4月10日 中央军委印发《关于贯彻落实军委主席负责制建立和完善相关工作机制的意见》。2017年11月2日,中央军委印发《关于全面深入贯彻军委主席负责制的意见》。

4月15日 习近平在中央国家安全委员会第一次会议上讲话指出,要坚持总体国家安全观,以人民安全为宗旨,以政治安全为根本,以经济安全为基础,以军事、文化、社会安全为保障,以促进国际安全为依托,走出一条中国特色国家安全道路。

4月24日 十二届全国人大常委会第八次会议通过修订后的《中华人民共和国环境保护法》。

5月21日 亚洲相互协作与信任措施会议第四次峰会在上海召开。习近平讲话强调,要积极倡导共同、综合、合作、可持续的亚洲安全观。

5月28日—29日 第二次中央新疆工作座谈会召开。习近平讲话强调,要围绕社会稳定和长治久安这个总目标,坚持依法治疆、团结稳疆、长期建疆,努力建设团结和谐、繁荣富裕、文明进步、安居乐业的社会主义新疆。

5月30日 国务院常务会议决定对已出台政策措施落实情况开展第一次全面督查。此后,国务院每年开展大督查。2019年4月,国务院"互联网+督查"平台正式上线运行。2020年12月,国务院公布《政府督查工作条例》。

6月30日 中央政治局会议审议通过《深化财税体制改革总体方案》。改革的目标是建立现代财政制度,重点是改进预算管理制度、深化税收制度改革、建立事权和支出责任相适应的制度。

7月15日 金砖国家领导人第六次会晤在巴西举行,决定成立新开发银行并将总部设在中国上海,建立金砖国家应急储备安排。

7月24日 国务院印发《关于进一步推进户籍制度改革的意见》。"十三五"时期,1亿农业转移人口和其他常住人口在城镇落户目标顺利实现。

8月31日 十二届全国人大常委会第十次会议通过《关于设立烈士纪念日的决定》,将9月30日设立为烈士纪念日。

9月5日 庆祝全国人民代表大会成立60周年大会召开。习近平讲话指出,坚定中国特色社会主义制度自信,首先要坚定对中国特色社会主义政治制度的自信,增强走中国特色社会主义政治发展道路的信心和决心。

9月19日 中共中央办公厅、国务院办公厅印发《关于推动传统媒体和新兴媒体融合发展的指导意见》。

9月28日 习近平在中央民族工作会议暨国务院第六次全国民族团结进步表彰大会上讲话指出,加强中华民族大团结,长远和根本的是增强文化认同,建设各民族共有精神家园,积极培养中华民族共同体意识,强调要加强各民族交往交流交融。10月12日,中共中央、国务院印发《关于加强和改进新形势下民族工作的意见》。

9月 《习近平谈治国理政》以中、英、法、俄、阿、西、葡、德、日等多语种版面向海内外发行。2018年1月,经修订后面向海内外再版发行,改称《习近平谈治国理政》第一卷。2017年11月、2020年6月,《习近平谈治国理政》第二卷、第三卷先后出版,面向海内外发行。

10月15日 习近平主持召开文艺工作座谈会,强调只有牢固树立马克思主义文艺观,真正做到了以人民为中心,文艺才能发挥最大正能量。2015年10月3日,中共中央印发《关于繁荣发展社会主义文艺的意见》。

10月20日—23日 中共十八届四中全会召开。全会通过《关于全面推进依法治国若干重大问题的决定》,指出全面推进依法治国,总目标是建设中国特色社会主义法治体系,建设社会主义法治国家。

10月30日—11月2日 全军政治工作会议在福建古田召开。10月31日,习近平在讲话中阐明新的历史条件下党从思想上政治上建设军队的重大问题。12月30日,中共中央转发《关于新形势下军队政治工作若干问题的决定》。

11月1日 十二届全国人大常委会第十一次会议通过《关于设立国家宪法日的决定》,将12月4日设立为国家宪法日。

11月6日 中共中央办公厅、国务院办公厅印发《关于引导农村土地经营权有序流转发展农业适度规模经营的意见》。2016年10月22日,中共中央办公厅、国务院办公厅印发《关于完善农村土地所有权承包权经营权分置办法的意见》。"三权分置"是继家庭联产承包责任制后农村改革的又一重大制度创新。

11 月 11 日　亚太经合组织第 22 次领导人非正式会议在北京召开。习近平主持会议并发表讲话,倡导共建互信、包容、合作、共赢的亚太伙伴关系。会议决定启动亚太自由贸易区进程。

11 月 17 日　上海与香港股票市场交易互联互通机制"沪港通"正式启动。2016 年 12 月、2017 年 7 月又相继启动"深港通"、"债券通"等。

11 月 19 日—21 日　首届世界互联网大会在浙江乌镇召开。会议确定乌镇为世界互联网大会永久会址。2015 年 12 月 16 日,习近平在第二届世界互联网大会开幕式上发表主旨演讲,强调网络空间是人类共同的活动空间,呼吁共同构建网络空间命运共同体。

11 月 28 日—29 日　中央外事工作会议召开。习近平讲话强调,中国必须有自己特色的大国外交。要高举和平、发展、合作、共赢的旗帜,统筹国内国际两个大局,统筹发展安全两件大事,牢牢把握坚持和平发展、促进民族复兴这条主线,维护国家主权、安全、发展利益,为和平发展营造更加有利的国际环境,维护和延长我国发展的重要战略机遇期,为实现"两个一百年"奋斗目标、实现中华民族伟大复兴的中国梦提供有力保障。

12 月 2 日　中共中央、国务院印发《丝绸之路经济带和 21 世纪海上丝绸之路建设战略规划》。2015 年 3 月 28 日,经国务院授权,国家发展改革委、外交部、商务部联合发布《推动共建丝绸之路经济带和 21 世纪海上丝绸之路的愿景与行动》。

12 月 5 日　中共中央决定给予周永康开除党籍处分。党的十八大以来,党中央坚持反腐败无禁区、全覆盖、零容忍,坚定不移"打虎"、"拍蝇"、"猎狐",一体推进不敢腐、不能腐、不想腐。十八届中共中央共批准立案审查省军级以上党员干部及其他中管干部 440 人,严肃查处了周永康、薄熙来、郭伯雄、徐才厚、孙政才、令计划严重违纪违法案件。从党的十九大闭幕至 2020 年底,先后有 146 名中管干部被立案审查调查。反腐败斗争取得压倒性胜利并全面巩固。

12 月 13 日—14 日　习近平在江苏考察工作期间讲话指出,要主动把握和积极适应经济发展新常态,协调推进全面建成小康社会、全面深化改革、全面依法治国、全面从严治党。2015 年 2 月 2 日,习近平在省部级主要领导干部学习贯彻党的十八届四中全会精神全面推进依法治国专题研讨班上系统阐述"四个全面"战略布局。

12 月 18 日　中国第一座钠冷快中子反应堆——中国实验快堆首次实现满功率稳定运行 72 小时,标志着我国全面掌握快堆这一第四代核电技术的设计、建造、调试运行等核心技术。

12 月 31 日　中共中央办公厅印发《关于加强中央纪委派驻机构建设的意见》。2015 年 11 月 20 日,中共中央办公厅印发《关于全面落实中央纪委向中央一级党和国家机关派驻纪检机构的方案》,实现对中央一级党和国家机关派驻纪检机构全覆盖。2018 年 10 月 21 日,中共中央办公厅印发《关于深化中央纪委国家监委派驻机构改革的意见》。

同日　中共中央办公厅、国务院办公厅印发《关于农村土地征收、集体经营性建设用地入市、宅基地制度改革试点工作的意见》。2015 年起在 33 个县(市、区)开展试点。

2015 年

1 月 5 日 中共中央印发《关于加强社会主义协商民主建设的意见》,对新形势下开展政党协商、人大协商、政府协商、政协协商、人民团体协商、基层协商、社会组织协商等作出全面部署,推进社会主义协商民主广泛多层制度化发展。

1 月 6 日 国务院印发《关于促进云计算创新发展培育信息产业新业态的意见》。8 月 31 日,国务院印发《促进大数据发展行动纲要》。

1 月 16 日 中央政治局常委会召开会议,专门听取全国人大常委会、国务院、全国政协、最高人民法院、最高人民检察院党组工作汇报。这成为实现党中央集中统一领导的一项制度性安排。

2 月 13 日 习近平在陕西延安主持召开陕甘宁革命老区脱贫致富座谈会时讲话强调,让老区人民都过上幸福美满的日子,确保老区人民同全国人民一道进入全面小康社会。党的十八大以来,习近平先后 7 次主持召开中央扶贫工作座谈会,50 多次调研扶贫工作,走遍 14 个集中连片特困地区,坚持看真贫,坚持了解真扶贫、扶真贫、脱真贫的实际情况。

2 月 28 日 习近平会见第四届全国文明城市、文明村镇、文明单位和未成年人思想道德建设工作先进代表时强调,人民有信仰,民族有希望,国家有力量。实现中华民族伟大复兴的中国梦,物质财富要极大丰富,精神财富也要极大丰富。

3月7日 国务院批复设立中国(杭州)跨境电子商务综合试验区。此后,又先后批复在天津、北京等104个城市和地区设立跨境电子商务综合试验区。

3月12日 习近平在十二届全国人大三次会议解放军代表团全体会议上明确提出,把军民融合发展上升为国家战略。2018年8月11日,中共中央印发《军民融合发展战略纲要》。

3月13日 中共中央、国务院印发《关于深化体制机制改革加快实施创新驱动发展战略的若干意见》。2016年1月18日,中共中央、国务院印发《国家创新驱动发展战略纲要》。

3月26日 中央反腐败协调小组国际追逃追赃工作办公室首次启动针对外逃腐败分子的"天网行动"。4月22日,国际刑警组织中国国家中心局集中公布100名涉嫌犯罪外逃国家工作人员、重要腐败案件涉案人等人员的红色通缉令。2014年至2020年10月,我国共从120多个国家和地区追回外逃人员8363人,包括党员和国家工作人员2212人、"红通人员"357人、"百名红通人员"60人,追回赃款208.4亿元。

3月29日 正在亚丁湾索马里海域执行护航任务的中国海军护航编队临沂舰搭载首批122名中国公民,从也门亚丁港安全撤离。到4月7日,从也门共撤出中国公民621人,并协助来自15个国家的276名外国公民安全撤离。

4月10日 中共中央办公厅印发《关于在县处级以上领导干部中开展"三严三实"专题教育方案》。从4月底开始,在县处级以上领导干部中不分批次、不划阶段、不设环节开展"三严三实"专题教育,着力解决"不严不实"问题。

5 月 1 日 全国法院实行立案登记制,对依法应当受理的案件,做到有案必立、有诉必理,保证当事人诉权。

5 月 18 日—20 日 中央统战工作会议召开。习近平讲话强调,要巩固和发展最广泛的爱国统一战线,为实现"两个一百年"奋斗目标、实现中华民族伟大复兴的中国梦提供广泛力量支持。18 日,中共中央印发《中国共产党统一战线工作条例(试行)》。2020 年 12 月 21 日,该条例经修订后重新颁布。

6 月 11 日 中共中央印发《中国共产党党组工作条例(试行)》。2019 年 4 月 6 日,该条例经修订后重新颁布。

同日 国务院印发《关于大力推进大众创业万众创新若干政策措施的意见》,并确定从 2015 年起,每年举办大众创业万众创新活动周。2016 年、2017 年、2020 年,国务院办公厅确定三批共 212 个双创示范基地。

7 月 1 日 十二届全国人大常委会第十五次会议通过《中华人民共和国国家安全法》。

同日 国务院印发《关于积极推进"互联网+"行动的指导意见》。

7 月 6 日—7 日 中央党的群团工作会议召开。习近平讲话强调,要下决心纠正机关化、行政化、贵族化、娱乐化,切实保持和增强党的群团工作的政治性、先进性、群众性。此前,1 月 8 日,中共中央印发《关于加强和改进党的群团工作的意见》。

7月31日 国际奥委会第128次全会在马来西亚吉隆坡投票决定,北京获得第24届冬季奥林匹克运动会举办权。

8月1日 国务院印发《全国海洋主体功能区规划》。至此,我国主体功能区战略实现陆域国土空间和海域国土空间的全覆盖。

8月11日 中国人民银行决定改革完善人民币兑美元汇率中间价报价机制,明确中间价报价参考前一天收盘价。2016年2月,形成"收盘汇率+一篮子货币汇率变化"的人民币兑美元汇率中间价形成机制。

8月24日 中共中央、国务院印发《关于深化国有企业改革的指导意见》。此后,陆续出台有关加强国有企业党的建设、国有企业分类改革、发展混合所有制经济、完善国资监管体制、防止国有资产流失、完善法人治理结构等多个配套文件。

8月24日—25日 中央第六次西藏工作座谈会召开。习近平讲话强调,必须坚持治国必治边、治边先稳藏的战略思想,坚持依法治藏、富民兴藏、长期建藏、凝聚人心、夯实基础的重要原则,不断增进各族群众对伟大祖国、中华民族、中华文化、中国共产党、中国特色社会主义的认同。

8月30日 中共中央办公厅、国务院办公厅印发《环境保护督察方案(试行)》,正式建立中央生态环境保护督察制度。2019年6月6日起,《中央生态环境保护督察工作规定》施行。

9月3日 纪念中国人民抗日战争暨世界反法西斯战争胜利70周年大会和阅兵仪式举行。习近平检阅受阅部队并发表讲话,宣布中国将裁减军队员额 30 万。

9 月 22 日—28 日 习近平对美国进行国事访问并出席联合国成立 70 周年系列峰会。28 日,习近平在纽约联合国总部出席第 70 届联合国大会一般性辩论并发表讲话,强调要继承和弘扬联合国宪章宗旨和原则,构建以合作共赢为核心的新型国际关系,打造人类命运共同体。

10 月 5 日 中国中医科学院研究员屠呦呦获得 2015 年诺贝尔生理学或医学奖。这是中国科学家因为在中国本土进行的科学研究而首次获诺贝尔科学奖,是中国医学界迄今为止获得的最高奖项,也是中医药成果获得的最高奖项。

10 月 9 日 华阳灯塔和赤瓜灯塔竣工发光仪式在南海华阳礁举行,填补了我国南沙水域民用导助航设施的空白。此后,渚碧灯塔、永暑灯塔和美济灯塔陆续建成发光并投入使用,维护了我国南海主权和海洋权益。

10 月 12 日 中共中央、国务院印发《关于推进价格机制改革的若干意见》。到 2017 年底,97% 以上的商品和服务价格已实现市场调节。

10 月 18 日 中共中央印发《中国共产党廉洁自律准则》和《中国共产党纪律处分条例》。2018 年 8 月 18 日,中共中央印发修订后的《中国共产党纪律处分条例》。

10 月 24 日 国务院印发《统筹推进世界一流大学和一流学科建设总体方案》。

10 月 26 日—29 日 中共十八届五中全会召开。全会通过《关于制定国民经济和社会发展第十三个五年规划的建议》。全会提出以人民为中心的发展思想,强调必须牢固树立并切实贯彻创新、协调、绿色、开放、共享的发展理念。

11月7日 习近平同台湾地区领导人马英九在新加坡会晤，就进一步推进两岸关系和平发展交换意见。这是1949年以来两岸领导人首次会晤，开创两岸领导人直接对话沟通的先河。

11月23日 中央军委印发《领导指挥体制改革实施方案》。2016年2月29日起，全军按新的领导指挥体制运行。

11月24日—26日 中央军委改革工作会议召开。习近平讲话强调，要全面实施改革强军战略，坚定不移走中国特色强军之路。28日，中央军委印发《关于深化国防和军队改革的意见》。指出，牢牢把握军委管总、战区主战、军种主建的原则，以领导管理体制、联合作战指挥体制改革为重点，协调推进规模结构、政策制度和军民融合深度发展改革。

11月25日 国务院发出《关于进一步完善城乡义务教育经费保障机制的通知》。

11月27日、28日 《〈内地与香港关于建立更紧密经贸关系的安排〉服务贸易协议》、《〈内地与澳门关于建立更紧密经贸关系的安排〉服务贸易协议》分别签署，内地与香港、澳门服务贸易自由化基本实现。

11月27日—28日 中央扶贫开发工作会议召开。习近平讲话强调，打赢脱贫攻坚战，要做到"六个精准"，解决好"扶持谁"、"谁来扶"、"怎么扶"、"如何退"的问题，实施"五个一批"工程，加快形成中央统筹、省（自治区、直辖市）负总责、市（地）县抓落实的扶贫开发工作机制，形成五级书记抓扶贫、全党动员促攻坚的局面。29日，中共中央、国务院印发《关于打赢脱贫攻坚战的决定》。

12月6日　国务院印发《关于加快实施自由贸易区战略的若干意见》。

12月9日　中央全面深化改革领导小组第19次会议审议通过《中国三江源国家公园体制试点方案》。此后,中央又先后批准大熊猫国家公园、东北虎豹国家公园、海南热带雨林国家公园等国家公园试点。

12月11日　习近平在全国党校工作会议上讲话指出,党校姓党,首先要把党的旗帜亮出来。党校是教育培训干部的地方,不断把领导干部集中到党校来学习培训,一个重要目的就是帮助大家向党中央看齐。此前,9日,中共中央印发《关于加强和改进新形势下党校工作的意见》。

12月17日　中国成功发射暗物质粒子探测卫星"悟空"。

12月18日—21日　中央经济工作会议召开。习近平讲话强调,推进供给侧结构性改革,是适应和引领经济发展新常态的重大创新。要实行宏观政策要稳、产业政策要准、微观政策要活、改革政策要实、社会政策要托底的总体思路,着力加强结构性改革,在适度扩大总需求的同时,去产能、去库存、去杠杆、降成本、补短板,推动我国社会生产力水平整体改善。

12月20日—21日　中央城市工作会议召开。习近平讲话强调,要坚持人民城市为人民,尊重城市发展规律,在统筹上下功夫,在重点上求突破,着力提高城市发展持续性、宜居性。24日,中共中央、国务院印发《关于深入推进城市执法体制改革改进城市管理工作的指导意见》。2016年2月6日,中共中央、国务院印发《关于进一步加强城市规划建设管理工作的若干意见》。

12月25日 中共中央印发《关于建立健全党和国家功勋荣誉表彰制度的意见》。

同日 亚洲基础设施投资银行正式成立。到2020年底，亚投行成员数量已从57个增至103个。

12月31日 习近平向中国人民解放军陆军、火箭军、战略支援部队授予军旗并致训词。此后，习近平又先后向东部战区、南部战区、西部战区、北部战区、中部战区授予军旗并发布训令，向武汉联勤保障基地和无锡、桂林、西宁、沈阳、郑州联勤保障中心授予军旗并致训词，接见新调整组建的84个军级单位主官并发布训令，向军事科学院、国防大学、国防科技大学等授予军旗并致训词，向武警部队授旗并致训词，向国家综合性消防救援队伍授旗并致训词，向中国人民警察队伍授旗并致训词。

本年 中国对外直接投资流量为1456.7亿美元，实际利用外资1356亿美元，对外投资首超吸引外资，首次成为资本净输出国。

本年 中国第三产业增加值比重为50.5%，首次突破50%。

2016 年

1月3日 国务院印发《关于整合城乡居民基本医疗保险制度的意见》,提出整合城镇居民基本医疗保险和新型农村合作医疗,建立统一的城乡居民基本医疗保险制度。"十三五"期间,我国基本医疗保险参保人数达 13.6 亿人。

1月5日 习近平在重庆召开的推动长江经济带发展座谈会上讲话指出,推动长江经济带发展是国家一项重大区域发展战略,要坚持生态优先、绿色发展,共抓大保护、不搞大开发。5月30日,中共中央、国务院印发《长江经济带发展规划纲要》。2018年4月26日,习近平在武汉主持召开深入推动长江经济带发展座谈会。2020年11月14日,习近平在南京主持召开全面推动长江经济带发展座谈会。

2月6日 中共中央、国务院印发《关于全面振兴东北地区等老工业基地的若干意见》。

2月16日 中央军委印发《关于军队和武警部队全面停止有偿服务活动的通知》。

2月19日 习近平主持召开党的新闻舆论工作座谈会,指出在新的时代条件下,党的新闻舆论工作要把坚持正确政治方向放在第一位。

2月24日 中共中央办公厅印发《关于在全体党员中开

展"学党章党规、学系列讲话,做合格党员"学习教育方案》。2017 年 3 月 20 日,中共中央办公厅印发《关于推进"两学一做"学习教育常态化制度化的意见》。

3 月 23 日 澜沧江—湄公河合作首次领导人会议在海南三亚召开,正式启动澜湄合作机制。

3 月 24 日 中央政治局常委会会议听取关于北京城市副中心和疏解北京非首都功能集中承载地有关情况的汇报,确定疏解北京非首都功能集中承载地新区规划选址并同意定名为"雄安新区"。5 月 27 日,习近平在中央政治局会议上讲话指出,建设北京城市副中心和雄安新区两个新城,形成北京新的两翼,是千年大计、国家大事。2017 年 3 月 28 日,中共中央、国务院发出通知,决定设立河北雄安新区。2019 年 1 月 11 日,北京市级行政中心正式迁入北京城市副中心,办公区位于通州潞城镇。

4 月 19 日 习近平主持召开网络安全和信息化工作座谈会,强调在践行新发展理念上先行一步,让互联网更好造福国家和人民。

4 月 22 日 习近平在全国宗教工作会议上讲话指出,积极引导宗教与社会主义社会相适应,一个重要的任务就是支持我国宗教坚持中国化方向。做好党的宗教工作,关键是要在"导"上想得深、看得透、把得准,做到"导"之有方、"导"之有力、"导"之有效,牢牢掌握宗教工作主动权。

同日 中国签署气候变化《巴黎协定》。

4 月 25 日 习近平在安徽凤阳县小岗村主持召开农村改革座谈会时讲话指出,新形势下深化农村改革,主线仍然是处理好农民和土地的关系。最大的政策,就是必须坚持和完善农村基本经营制度,坚持农村土地集体所有,坚持家庭经营基础性地位,坚持稳定土地承包关系。

5 月 17 日　习近平主持召开哲学社会科学工作座谈会,提出要着力构建中国特色哲学社会科学,强调坚定中国特色社会主义道路自信、理论自信、制度自信,说到底是要坚定文化自信,文化自信是更基本、更深沉、更持久的力量。2017 年 3 月 5 日,中共中央印发《关于加快构建中国特色哲学社会科学的意见》。

6 月 20 日　中国自主研制的全部采用国产处理器构建的"神威·太湖之光"超级计算机夺得世界超算冠军。

6 月 22 日—8 月 12 日　中国"探索一号"科考船在马里亚纳海域开展首次综合性万米深渊科考活动。其中,"海斗号"无人潜水器最大潜深达 10767 米,中国成为第三个研制出万米级无人潜水器的国家。

7 月 1 日　庆祝中国共产党成立 95 周年大会召开。习近平讲话指出,要永远保持建党时中国共产党人的奋斗精神,永远保持对人民的赤子之心。一切向前走,都不能忘记走过的路;走得再远、走到再光辉的未来,也不能忘记走过的过去,不能忘记为什么出发。面向未来,面对挑战,全党同志一定要不忘初心、继续前进。讲话强调,中国特色社会主义最本质的特征是中国共产党领导,中国特色社会主义制度的最大优势是中国共产党领导。

7 月 5 日　中共中央、国务院印发《关于深化投融资体制改革的意见》,新一轮投融资体制改革全面展开。

7月8日 中共中央印发《中国共产党问责条例》。2019年9月1日起施行修订后的条例。

7月12日 中国发表《中华人民共和国政府关于在南海的领土主权和海洋权益的声明》。

7月22日 首次"1+6"圆桌对话会在北京召开。此后,中国同世界银行、国际货币基金组织、世界贸易组织、国际劳工组织、经济合作与发展组织、金融稳定理事会每年召开一次"1+6"圆桌对话会。

8月16日 中国成功发射世界首颗量子科学实验卫星"墨子号"。2017年6月、8月,"墨子号"卫星先后在国际上首次成功实现千公里级卫星和地面之间的量子纠缠分发、量子密钥分发和量子隐形传态。

8月19日—20日 全国卫生与健康大会召开。习近平讲话强调,要把人民健康放在优先发展的战略地位,加快推进健康中国建设,努力全方位、全周期保障人民健康。10月17日,中共中央、国务院印发《"健康中国2030"规划纲要》。

9月3日 习近平出席在浙江杭州召开的二十国集团工商峰会开幕式并发表主旨演讲,提出建设创新、开放、联动、包容型世界经济,强调全球经济治理应该以平等为基础,更好反映世界经济格局新现实。4日至5日,以"构建创新、活力、联动、包容的世界经济"为主题的二十国集团领导人第十一次峰会在杭州召开,习近平全程主持会议。

9月25日 国务院印发《关于加快推进"互联网+政务服务"工作的指导意见》。2018年7月,印发《关于加快推进全国一体化在线政务服务平台建设的指导意见》。2019年4

月,公布《关于在线政务服务的若干规定》。

同日 具有中国自主知识产权的世界最大单口径巨型射电望远镜——500 米口径球面射电望远镜(FAST)在贵州平塘落成启动。

9 月 《胡锦涛文选》第一至第三卷出版。

10 月 1 日 人民币正式加入国际货币基金组织特别提款权货币篮子。

10 月 10 日 习近平在全国国有企业党的建设工作会议上讲话指出,要坚持党对国有企业的领导不动摇,坚定不移把国有企业做强做优做大。

10 月 17 日 神舟十一号载人飞船发射升空。在轨飞行期间,2 名航天员在天宫二号与神舟十一号组合体内开展了为期 30 天的驻留,完成一系列空间科学实验和技术试验,11 月 18 日成功返回。

10 月 21 日 纪念红军长征胜利 80 周年大会召开。习近平讲话指出,每一代人有每一代人的长征路,每一代人都要走好自己的长征路。我们这一代人的长征,就是要实现"两个一百年"奋斗目标,实现中华民族伟大复兴的中国梦。要大力弘扬伟大长征精神,在新的长征路上继续奋勇前进。

10 月 24 日—27 日 中共十八届六中全会召开。全会通过《关于新形势下党内政治生活的若干准则》和《中国共产党党内监督条例》。全会明确习近平总书记党中央的核心、全党的核心地位,号召全党同志紧密团结在以习近平同志为核心的党中央周围,牢固树立政治意识、大局意识、核心意识、看齐意识,坚定不移维护党中央权威和党中央集中统一领导。

11 月 1 日　中国自主研制的新一代隐身战斗机歼-20首次公开亮相参加中国珠海国际航展。不久,歼-20 开始列装空军作战部队。

11 月 4 日　中共中央、国务院印发《关于完善产权保护制度依法保护产权的意见》。

11 月 7 日　十二届全国人大常委会第二十四次会议通过《中华人民共和国网络安全法》。

11 月 28 日　中共中央办公厅、国务院办公厅印发《关于全面推行河长制的意见》。2017 年 12 月 26 日,印发《关于在湖泊实施湖长制的指导意见》。2018 年 6 月、12 月,河长制、湖长制全面建立。2020 年 12 月 28 日,中共中央办公厅、国务院办公厅印发《关于全面推行林长制的意见》。

12 月 2 日　习近平在中央军委军队规模结构和力量编成改革工作会议上讲话强调,要推动我军由数量规模型向质量效能型、由人力密集型向科技密集型转变,部队编成向充实、合成、多能、灵活方向发展,构建能够打赢信息化战争、有效履行使命任务的中国特色现代军事力量体系。

12 月 7 日　习近平在全国高校思想政治工作会议上讲话指出,要坚持把立德树人作为中心环节,把思想政治工作贯穿教育教学全过程,实现全程育人、全方位育人。

12 月 13 日　中共中央印发《关于加强党内法规制度建设的意见》。24 日至 25 日,首次全国党内法规工作会议召开。

12 月 25 日　十二届全国人大常委会第二十五次会议通过《中华人民共和国公共文化服务保障法》。

12 月 26 日　中共中央、国务院印发《关于稳步推进农村集体产权制度改革的意见》。

2017 年

1 月 17 日 习近平出席达沃斯世界经济论坛 2017 年年会开幕式并发表主旨演讲,强调经济全球化是社会生产力发展的客观要求和科技进步的必然结果,要适应和引导好经济全球化,消解经济全球化的负面影响,让它更好惠及每个国家、每个民族,实现经济全球化进程再平衡。

1 月 24 日 中共中央办公厅、国务院办公厅印发《关于实施中华优秀传统文化传承发展工程的意见》。

5 月 5 日 中国自主研制的 C919 大型客机首飞成功。这是中国首款按照最新国际适航标准研制、具有完全自主知识产权的干线民用飞机。

5 月 14 日—15 日 首届"一带一路"国际合作高峰论坛在北京举行。习近平出席开幕式并发表主旨演讲,强调要将"一带一路"建成和平之路、繁荣之路、开放之路、创新之路、文明之路。2019 年 4 月 25 日至 27 日,第二届"一带一路"国际合作高峰论坛在北京举行。习近平出席开幕式并发表主旨演讲,强调要秉持共商共建共享原则,坚持开放、绿色、廉洁理念,努力实现高标准、惠民生、可持续目标,推动共建"一带一路"沿着高质量发展方向不断前进。从 2013 年习近平提出"一带一路"倡议到 2020 年,中国同"一带一路"沿线国家货物贸易总额约 9.2 万亿美元,对"一带一路"沿线国家直接投资约 1360 亿美元,"六廊六路多国多港"的互联互通架构基本形成。

5 月 18 日 南海神狐海域天然气水合物(又称可燃冰)试采成功。中国成为世界上首个成功试采海域天然气水合物的国家。

6 月 21 日 国务院常务会议部署发展分享经济,培育壮大新动能。

6 月 25 日 中国标准动车组被命名为"复兴号"并于 26 日投入运行。中国高速动车组技术实现全面自主化。

7 月 1 日 习近平出席庆祝香港回归祖国 20 周年大会暨香港特别行政区第五届政府就职典礼并发表讲话指出,中央贯彻"一国两制"方针坚持两点:一是坚定不移,不会变、不动摇;二是全面准确,确保"一国两制"在香港的实践不走样、不变形,始终沿着正确方向前进。

同日 习近平出席在香港举行的《深化粤港澳合作推进大湾区建设框架协议》签署仪式。建设粤港澳大湾区成为国家战略。2018 年 7 月 12 日,中共中央、国务院印发《粤港澳大湾区发展规划纲要》。

7 月 8 日 国务院印发《新一代人工智能发展规划》。

7 月 11 日 中国人民解放军驻吉布提保障基地成立。

7 月 14 日—15 日 全国金融工作会议召开。会议决定设立国务院金融稳定发展委员会。会议围绕服务实体经济、防控金融风险、深化金融改革"三位一体"的金融工作主题作出部署。

7月28日 中央军委举行颁授"八一勋章"和授予荣誉称号仪式,习近平向"八一勋章"获得者颁授勋章和证书,向获得荣誉称号的单位颁授奖旗。

7月30日 庆祝中国人民解放军建军90周年阅兵在朱日和联合训练基地举行。习近平检阅部队。8月1日,习近平在庆祝中国人民解放军建军90周年大会上讲话指出,党对军队的绝对领导是中国特色社会主义的本质特征,是党和国家的重要政治优势,是人民军队的建军之本、强军之魂。要坚持政治建军、改革强军、科技兴军、依法治军,全面提高国防和军队现代化水平,把人民军队建设成为世界一流军队。

9月3日—5日 金砖国家领导人第九次会晤在福建厦门举行。习近平主持会晤并发表讲话,强调要推进经济务实合作,加强发展战略对接,推动国际秩序朝更加公正合理方向发展,促进人文民间交流,共同开启金砖合作第二个"金色十年"。

10月18日—24日 中国共产党第十九次全国代表大会举行。大会正式代表2280人,特邀代表74人,代表全国8900多万党员。大会通过的报告《决胜全面建成小康社会,夺取新时代中国特色社会主义伟大胜利》,作出中国特色社会主义进入新时代、我国社会主要矛盾已经转化为人民日益增长的美好生活需要和不平衡不充分的发展之间的矛盾等重大政治论断,确立习近平新时代中国特色社会主义思想的历史地位,提出新时代坚持和发展中国特色社会主义的基本方略,确定决胜全面建成小康社会、开启全面建设社会主义现代化国家新征程的目标。大会通过《中国共产党章程(修正案)》,把习近平新时代中国特色社会主义思想同马克思列宁主义、毛泽东思想、邓小平理论、"三个代表"重要思想、科学发展观一道确立为党的指导思想并载入党章。

10月25日 中共十九届一中全会选举习近平、李克强、栗战书、汪洋、王沪宁、赵乐际、韩正为中央政治局常委,选举习近平为中央委员会总书记,决定习近平为中央军委主席,批准赵乐际为中央纪委书记。

10月27日 中央政治局会议审议通过《中共中央政治局关于加强和维护党中央集中统一领导的若干规定》,指出,中央政治局要带头树立"四个意识",严格遵守党章和党内政治生活准则,全面落实党的十九大关于加强和维护党中央集中统一领导的各项要求,自觉在以习近平同志为核心的党中央集中统一领导下履行职责、开展工作,坚决维护习近平总书记作为党中央的核心、全党的核心地位。根据《规定》,中央政治局全体同志每年向党中央和习近平总书记书面述职一次。这已经成为加强和维护党中央集中统一领导的重要制度安排。

同日 十九届中央政治局就深入学习贯彻党的十九大精神进行第一次集体学习。到2021年5月,围绕有关重大理论和实践问题共进行集体学习30次。

11月5日 北斗三号第一、二颗组网卫星以"一箭双星"方式成功发射,标志着北斗卫星导航系统全球组网的开始。这是和美国全球定位系统(GPS)、俄罗斯格洛纳斯系统、欧洲伽利略系统并列的全球卫星导航系统。2018年12月27日,北斗三号基本系统宣告建成,并开始提供全球服务。2020年

7月31日,北斗三号全球卫星导航系统建成暨开通仪式举行。

11月19日 国务院作出《关于废止〈中华人民共和国营业税暂行条例〉和修改〈中华人民共和国增值税暂行条例〉的决定》。营业税改征增值税改革全面完成。

11月30日—12月3日 中国共产党与世界政党高层对话会在北京召开。12月1日,习近平在出席对话会开幕式发表主旨讲话时指出,不同国家的政党应该增进互信、加强沟通、密切协作,探索在新型国际关系的基础上建立求同存异、相互尊重、互学互鉴的新型政党关系,搭建多种形式、多种层次的国际政党交流合作网络,汇聚构建人类命运共同体的强大力量。

12月14日 中共中央作出《关于调整中国人民武装警察部队领导指挥体制的决定》。自2018年1月1日零时起,武警部队由党中央、中央军委集中统一领导,归中央军委建制,不再列国务院序列。

12月18日—20日 中央经济工作会议召开。习近平讲话指出,推动高质量发展是当前和今后一个时期确定发展思路、制定经济政策、实施宏观调控的根本要求,必须加快形成推动高质量发展的指标体系、政策体系、标准体系、统计体系、绩效评价、政绩考核,创建和完善制度环境,推动我国经济在实现高质量发展上不断取得新进展。会议总结并阐述了习近平新时代中国特色社会主义经济思想。

12月30日 中共中央印发《关于建立国务院向全国人大常委会报告国有资产管理情况制度的意见》。2018年10

月,十三届全国人大常委会第六次会议审议《国务院关于2017年度国有资产管理情况的综合报告》和《国务院关于2017年度金融企业国有资产的专项报告》。这是国务院首次按照"全口径、全覆盖"要求向全国人大常委会报告国有资产管理情况。

2018 年

1 月 2 日 中共中央、国务院印发《关于实施乡村振兴战略的意见》。6 月 26 日,中共中央、国务院印发《乡村振兴战略规划(2018—2022 年)》。

1 月 3 日 中央军委召开 2018 年开训动员大会,习近平向全军发布训令。这是中央军委首次统一组织全军开训动员,是人民军队加强新时代练兵备战的一次崭新亮相。

1 月 5 日 习近平在新进中央委员会的委员、候补委员和省部级主要领导干部学习贯彻习近平新时代中国特色社会主义思想和党的十九大精神研讨班开班式上讲话指出,做到坚持和发展中国特色社会主义要一以贯之,推进党的建设新的伟大工程要一以贯之,增强忧患意识、防范风险挑战要一以贯之,以时不我待、只争朝夕的精神投入工作,不断开创新时代中国特色社会主义事业新局面。

1 月 11 日 中共中央、国务院发出《关于开展扫黑除恶专项斗争的通知》。到 2020 年 12 月底,全国打掉涉黑组织 3644 个、涉恶犯罪集团 11675 个。2021 年 3 月 29 日,全国扫黑除恶专项斗争总结表彰大会召开。

1 月 11 日—13 日 十九届中央纪委二次全会召开。习近平讲话总结和阐述党的十八大以来全面从严治党的经验:坚持思想建党和制度治党相统一,坚持使命引领和问题导向相统一,坚持抓"关键少数"和管"绝大多数"相统一,坚持行使权力和担当责任相统一,坚持严格管理和关心信任相统一,坚持党内监督和群众监督相统一。到2021年1月十九届中央纪委五次全会,习近平连续四次在中央纪委全会上讲话。

1月18日—19日 中共十九届二中全会召开。全会通过《关于修改宪法部分内容的建议》。

2月26日—28日 中共十九届三中全会召开。全会通过《关于深化党和国家机构改革的决定》和《深化党和国家机构改革方案》。3月17日,十三届全国人大一次会议批准国务院机构改革方案。2019年7月5日,深化党和国家机构改革总结会议召开,习近平讲话指出,深化党和国家机构改革是对党和国家组织结构和管理体制的一次系统性、整体性重构,为完善和发展中国特色社会主义制度、推进国家治理体系和治理能力现代化提供了有力组织保障。

3月3日—15日 全国政协十三届一次会议举行。会议选举汪洋为全国政协主席。

3月5日—20日 十三届全国人大一次会议举行。会议选举习近平为国家主席、国家中央军委主席,栗战书为全国人大常委会委员长,决定李克强为国务院总理。会议通过《中华人民共和国宪法修正案》,确立科学发展观、习近平新时代中国特色社会主义思想在国家政治和社会生活中的指导地位;通过《中华人民共和国监察法》。23日,中华人民共和国国家监察委员会在北京揭牌。

3月 3月以来,针对美国政府单方面挑起的中美经贸摩擦,中国不得不采取中止关税减让义务、加征关税等反制措施,并在相互尊重、平等互利的原则基础上进行协商,坚决捍卫国家和人民利益。9月24日,《关于中美经贸摩擦的事实与中方立场》白皮书发布。2020年1月15日,中美双方签署第一阶段经贸协议。

4月11日 中共中央、国务院印发《关于支持海南全面深化改革开放的指导意见》,赋予海南经济特区改革开放新使命,建设自由贸易试验区和中国特色自由贸易港。13日,习近平在庆祝海南建省办经济特区30周年大会上讲话指出,海南要着力打造全面深化改革开放试验区、国家生态文明试验区、国际旅游消费中心、国家重大战略服务保障区,形成更高层次改革开放新格局。2020年3月20日,中共中央、国务院印发《海南自由贸易港建设总体方案》。

4月12日 中央军委在南海海域举行海上阅兵。习近平检阅部队并发表讲话强调,要深入贯彻新时代党的强军思想,坚定不移加快海军现代化进程,努力把人民海军全面建成世界一流海军。

4月20日—21日 全国网络安全和信息化工作会议召开。习近平讲话指出,我们不仅走出一条中国特色治网之道,而且提出一系列新思想新观点新论断,形成了网络强国战略思想。

4月27日 十三届全国人大常委会第二次会议通过《中华人民共和国英雄烈士保护法》。

5月4日 纪念马克思诞辰200周年大会召开。习近平讲话指出,马克思主义始终是我们党和国家的指导思想,是我们认识世界、把握规律、追求真理、改造世界的强大思想武器。新时代,中国共产党人仍然要学习马克思,学习和实践马克思主义,继续高扬马克思主义伟大旗帜,坚持和发展中国特色社会主义,让马克思、恩格斯设想的人类社会美好前景不断在中国大地上生动展现出来。

5月18日—19日 全国生态环境保护大会召开。习近平讲话提出新时代推进生态文明建设的原则,强调要加快构建生态文明体系。大会总结并阐述了习近平生态文明思想。党的十八大以来,我国加快推进生态文明顶层设计和制度体系建设,相继出台《关于加快推进生态文明建设的意见》《生态文明体制改革总体方案》等,对生态文明建设进行全面系统部署安排。推动绿色发展,深入实施大气、水、土壤污染防治三大行动计划,率先发布《中国落实2030年可持续发展议程国别方案》,实施《国家应对气候变化规划(2014—2020年)》,向联合国交存《巴黎协定》批准文书。

6月9日—10日 上海合作组织青岛峰会召开。10日,习近平主持会议并发表讲话,强调要提倡创新、协调、绿色、开放、共享的发展观,践行共同、综合、合作、可持续的安全观,秉持开放、融通、互利、共赢的合作观,树立平等、互鉴、对话、包容的文明观,坚持共商共建共享的全球治理观,不断改革完善全球治理体系,推动各国携手建设人类命运共同体。

6月15日 中共中央、国务院印发《关于打赢脱贫攻坚战三年行动的指导意见》。

同日 国务院办公厅发出《关于做好证明事项清理工作的通知》。到2019年4月底,清理工作基本完成,各地区各部门共取消证明事项 1.3 万多项。

6 月 16 日 中共中央、国务院印发《关于全面加强生态环境保护坚决打好污染防治攻坚战的意见》。

6 月 22 日—23 日 中央外事工作会议召开。习近平讲话指出,把握国际形势要树立正确的历史观、大局观、角色观。会议总结并阐述了习近平外交思想。

7 月 3 日—4 日 全国组织工作会议召开。习近平讲话强调,新时代党的组织路线是:全面贯彻新时代中国特色社会主义思想,以组织体系建设为重点,着力培养忠诚干净担当的高素质干部,着力集聚爱国奉献的各方面优秀人才,坚持德才兼备、以德为先、任人唯贤,为坚持和加强党的全面领导、坚持和发展中国特色社会主义提供坚强组织保证。

8 月 17 日—19 日 中央军委党的建设会议召开。习近平讲话指出,要毫不动摇坚持党对军队绝对领导,锻造坚强有力的党组织,锻造高素质干部和人才队伍,深入推进党风廉政建设和反腐败斗争,为实现党在新时代的强军目标、完成好新时代军队使命任务提供坚强政治保证。

8 月 21 日—22 日 全国宣传思想工作会议召开。习近平讲话强调,中国特色社会主义进入新时代,必须把统一思想、凝聚力量作为宣传思想工作的中心环节。做好新形势下宣传思想工作,必须自觉承担起举旗帜、聚民心、育新人、兴文化、展形象的使命任务。2019 年 6 月 29 日,中共中央印发《中国共产党宣传工作条例》。

9 月 3 日—4 日 中非合作论坛北京峰会举行。习近平主持峰会并在开幕式上发表主旨讲话,提出中非要携手打造责任共担、合作共赢、幸福共享、文化共兴、安全共筑、和谐共生的中非命运共同体。会议通过《关于构建更加紧密的中非命运共同体的北京宣言》和《中非合作论坛—北京行动计划（2019—2021 年）》。

9 月 10 日　全国教育大会召开。习近平讲话指出，教育是国之大计、党之大计，要坚持改革创新，以凝聚人心、完善人格、开发人力、培育人才、造福人民为工作目标，培养德智体美劳全面发展的社会主义建设者和接班人，加快推进教育现代化、建设教育强国、办好人民满意的教育。12 月 8 日，中共中央、国务院印发《中国教育现代化 2035》。"十三五"时期，我国学前三年毛入园率达到 85.2%，九年义务教育巩固率95.2%，高中阶段教育毛入学率达 91.2%，高等教育毛入学率提升到 54.4%。

9 月 27 日　国务院发出《关于在全国推开"证照分离"改革的通知》。2021 年 5 月，发出《关于深化"证照分离"改革进一步激发市场主体发展活力的通知》，部署在全国范围内实施涉企经营许可事项全覆盖清单管理。

10 月 1 日　中共中央、国务院印发《关于保持土地承包关系稳定并长久不变的意见》。

10 月 23 日　世界上最长的跨海大桥——港珠澳大桥开通仪式在广东珠海举行。习近平出席仪式。

10 月 28 日　中共中央印发《中国共产党支部工作条例（试行）》。

11 月 1 日　习近平在主持召开民营企业座谈会时讲话指出，我们强调把公有制经济巩固好、发展好，同鼓励、支持、引导非公有制经济发展不是对立的,而是有机统一的。各级党委和政府要把构建亲清新型政商关系的要求落到实处,把支持民营企业发展作为一项重要任务。在我国经济发展进程中,要不断为民营经济营造更好发展环境。

11月5日—10日 首届中国国际进口博览会在上海举行。习近平出席开幕式并发表主旨演讲时指出,中国国际进口博览会是迄今为止世界上第一个以进口为主题的国家级展会,是中国推动建设开放型世界经济、支持经济全球化的实际行动;宣布增设中国(上海)自由贸易试验区的新片区、在上海证券交易所设立科创板并试点注册制、支持长江三角洲区域一体化发展并上升为国家战略。2019年11月、2020年11月,第二届、第三届中国国际进口博览会先后举行。

12月18日 庆祝改革开放40周年大会召开。习近平讲话指出,改革开放是党和人民大踏步赶上时代的重要法宝,是坚持和发展中国特色社会主义的必由之路,是决定当代中国命运的关键一招,也是决定实现"两个一百年"奋斗目标、实现中华民族伟大复兴的关键一招。大会向100名获改革先锋称号的同志和10名获中国改革友谊奖章的国际友人颁授奖章。

2019 年

1月2日 《告台湾同胞书》发表40周年纪念会召开。习近平在纪念会上发表《为实现民族伟大复兴、推进祖国和平统一而共同奋斗》讲话,阐述立足新时代、在民族复兴伟大征程中推进祖国和平统一的五项重大政策主张:携手推动民族复兴,实现和平统一目标;探索"两制"台湾方案,丰富和平统一实践;坚持一个中国原则,维护和平统一前景;深化两岸融合发展,夯实和平统一基础;实现同胞心灵契合,增进和平统一认同。

1月4日 中央军委军事工作会议召开。习近平讲话指出,全军要深入贯彻新时代军事战略方针,在新的起点上做好军事斗争准备工作,坚决完成党和人民赋予的使命任务。

1月15日—16日 中央政法工作会议召开。习近平讲话指出,要坚持以新时代中国特色社会主义思想为指导,坚持党对政法工作的绝对领导,坚持以人民为中心的发展思想,加快推进社会治理现代化,加快推进政法领域全面深化改革,加快推进政法队伍革命化、正规化、专业化、职业化建设。此前,13日,中共中央印发《中国共产党政法工作条例》。

1月21日 习近平在省部级主要领导干部坚持底线思维着力防范化解重大风险专题研讨班开班式上讲话,对防范化解政治、意识形态、经济、科技、社会、外部环境、党的建设等领域重大风险作出分析,提出要求。

1月27日 国务院印发《关于在市场监管领域全面推行部门联合"双随机、一公开"监管的意见》。9月6日,国务院印发《关于加强和规范事中事后监管的指导意见》。

1月31日 中共中央印发《关于加强党的政治建设的意见》。

同日 中共中央印发《中国共产党重大事项请示报告条例》。

3月15日 十三届全国人大二次会议通过《中华人民共和国外商投资法》。12月26日,国务院公布《中华人民共和国外商投资法实施条例》。

3月18日 习近平主持召开学校思想政治理论课教师座谈会时讲话强调,办好思想政治理论课,最根本的是要全面贯彻党的教育方针,解决好培养什么人、怎样培养人、为谁培养人这个根本问题。关键在发挥教师的积极性、主动性、创造性。推动思想政治理论课改革创新,要不断增强思政课的思想性、理论性和亲和力、针对性。

3月19日 中共中央办公厅印发《公务员职务与职级并行规定》。

4月23日 庆祝人民海军成立70周年海上阅兵活动在青岛举行。习近平出席并检阅舰队。来自61个国家的海军代表团、来自13个国家的18艘舰艇远涉重洋,汇聚黄海,共贺中国海军华诞。

4月28日 2019年中国北京世界园艺博览会开幕式举

行。习近平出席并发表《共谋绿色生活，共建美丽家园》讲话。

4月30日 纪念五四运动100周年大会召开。习近平讲话指出，新时代中国青年运动的主题，新时代中国青年运动的方向，新时代中国青年的使命，就是坚持中国共产党领导，同人民一道，为实现"两个一百年"奋斗目标、实现中华民族伟大复兴的中国梦而奋斗。

5月2日 中共中央、国务院印发《关于新时代推进西部大开发形成新格局的指导意见》。

5月9日 中共中央、国务院印发《关于建立国土空间规划体系并监督实施的若干意见》。

5月15日—22日 首届亚洲文明对话大会在北京召开。习近平在开幕式上发表《深化文明交流互鉴，共建亚洲命运共同体》主旨演讲，呼吁坚持相互尊重、平等相待，美人之美、美美与共，开放包容、互学互鉴，与时俱进、创新发展，共同创造亚洲文明和世界文明的美好未来。

5月21日 中共中央印发《关于在全党开展"不忘初心、牢记使命"主题教育的意见》。2019年5月底至2020年1月，全党分两批开展"不忘初心、牢记使命"主题教育，总要求是守初心、担使命，找差距、抓落实；根本任务是深入学习贯彻习近平新时代中国特色社会主义思想，锤炼忠诚干净担当的政治品格，团结带领全国各族人民为实现伟大梦想共同奋斗；具体目标是理论学习有收获、思想政治受洗礼、干事创业敢担当、为民服务解难题、清正廉洁作表率。

5月30日 中共中央、国务院印发《长江三角洲区域一体化发展规划纲要》。

6月4日 中共中央发出关于印发《习近平新时代中国特色社会主义思想学习纲要》的通知。

6月6日 工业和信息化部向四家运营商颁发5G牌照，中国通信行业进入5G时代。到2020年底，我国已建成全球最大5G网络，开通5G基站超过71.8万个，5G终端连接数超过2亿。

6月20日—21日 习近平对朝鲜民主主义人民共和国进行国事访问。在平壤同朝鲜劳动党委员长、国务委员会委员长金正恩会谈，双方一致同意，在新的历史起点上，中朝双方愿不忘初心、携手前进，共同开创两党两国关系的美好未来。

7月9日 中央和国家机关党的建设工作会议召开。习近平讲话指出，新形势下，中央和国家机关要以党的政治建设为统领，着力深化理论武装，着力夯实基层基础，着力推进正风肃纪，全面提高中央和国家机关党的建设质量，在深入学习贯彻党的思想理论上作表率，在始终同党中央保持高度一致上作表率，在坚决贯彻落实党中央各项决策部署上作表率，建设让党中央放心、让人民群众满意的模范机关。

8月9日 中共中央、国务院印发《关于支持深圳建设中国特色社会主义先行示范区的意见》。

8月19日 中共中央印发《中国共产党农村工作条例》。

9月17日 习近平签署主席令，根据全国人大常委会关于授予国家勋章和国家荣誉称号的决定，授予42人国家勋章、国家荣誉称号。其中"共和国勋章"8人，"友谊勋章"6

人,国家荣誉称号28人。29日,国家勋章和国家荣誉称号颁授仪式举行。

9月18日 习近平在河南郑州主持召开黄河流域生态保护和高质量发展座谈会,强调黄河流域生态保护和高质量发展是重大国家战略,要共同抓好大保护,协同推进大治理,让黄河成为造福人民的幸福河。2020年10月5日,中共中央、国务院印发《黄河流域生态保护和高质量发展规划纲要》。

9月20日 中央政协工作会议暨庆祝中国人民政治协商会议成立70周年大会召开。习近平讲话强调,新时代加强和改进人民政协工作,要把坚持和发展中国特色社会主义作为巩固共同思想政治基础的主轴,把服务实现"两个一百年"奋斗目标作为工作主线,把加强思想政治引领、广泛凝聚共识作为中心环节,坚持团结和民主两大主题,提高政治协商、民主监督、参政议政水平,更好凝聚共识,把人民政协制度坚持好、把人民政协事业发展好。10月7日,中共中央印发《关于新时代加强和改进人民政协工作的意见》。

9月25日 北京大兴国际机场正式投入运营。

9月27日 习近平在全国民族团结进步表彰大会上讲话指出,要以铸牢中华民族共同体意识为主线,全面贯彻党的民族理论和民族政策,坚持共同团结奋斗、共同繁荣发展,把民族团结进步事业作为基础性事业抓紧抓好,促进各民族像石榴籽一样紧紧拥抱在一起,推动中华民族走向包容性更强、凝聚力更大的命运共同体。

10月1日 首都各界庆祝中华人民共和国成立70周年大会、阅兵仪式和群众游行举行。习近平发表讲话并检阅受阅部队。

10 月 17 日、31 日　中共中央、国务院先后印发《新时代公民道德建设实施纲要》、《新时代爱国主义教育实施纲要》。

10 月 22 日　国务院公布《优化营商环境条例》。

10 月 28 日—31 日　中共十九届四中全会召开。全会通过《关于坚持和完善中国特色社会主义制度、推进国家治理体系和治理能力现代化若干重大问题的决定》。全会指出，坚持和完善中国特色社会主义制度、推进国家治理体系和治理能力现代化的总体目标是，到我们党成立一百年时，在各方面制度更加成熟更加定型上取得明显成效；到 2035 年，各方面制度更加完善，基本实现国家治理体系和治理能力现代化；到新中国成立一百年时，全面实现国家治理体系和治理能力现代化，使中国特色社会主义制度更加巩固、优越性充分展现。全会强调，突出坚持和完善支撑中国特色社会主义制度的根本制度、基本制度、重要制度，着力固根基、扬优势、补短板、强弱项，构建系统完备、科学规范、运行有效的制度体系。

11 月 8 日—10 日　中央军委基层建设会议召开。习近平讲话指出，加强新时代我军基层建设，是强军兴军的根基所在、力量所在。

12 月 17 日　中国第一艘国产航空母舰山东舰交付海军，习近平出席交接入列仪式并登舰视察。

12 月 20 日　习近平出席庆祝澳门回归祖国 20 周年大会暨澳门特别行政区第五届政府就职典礼并发表讲话指出，总结澳门"一国两制"成功实践，可以获得四点重要经验：始终坚定"一国两制"制度自信；始终准确把握"一国两制"正确方向;始终强化"一国两制"使命担当;始终筑牢"一国两制"社会政治基础。

12月30日 国务院公布《保障农民工工资支付条例》,规范农民工工资支付行为,保障农民工按时足额获得工资。

年底 中国共产党党员总数为9191.4万名,基层组织468.1万个,其中基层党委24.9万个,总支部30.5万个,支部412.7万个。

2020 年

1 月 7 日 习近平在主持召开中央政治局常委会会议时,对做好 2019 年 12 月 27 日以来湖北武汉监测发现的不明原因肺炎疫情防控工作提出要求。新冠肺炎疫情是新中国成立以来我国遭遇的传播速度最快、感染范围最广、防控难度最大的一次重大突发公共卫生事件,也是百年来全球发生的最严重的传染病大流行。疫情发生后,党中央将疫情防控作为头等大事来抓。习近平亲自指挥、亲自部署,坚持把人民生命安全和身体健康放在第一位,带领全党全军全国各族人民迅速打响疫情防控的人民战争、总体战、阻击战,取得了全国抗疫斗争重大战略成果。9 月 8 日,习近平在全国抗击新冠肺炎疫情表彰大会上讲话指出,在这场同严重疫情的殊死较量中,中国人民和中华民族以敢于斗争、敢于胜利的大无畏气概,铸就了生命至上、举国同心、舍生忘死、尊重科学、命运与共的伟大抗疫精神。要在全社会大力弘扬伟大抗疫精神,使之转化为全面建设社会主义现代化国家、实现中华民族伟大复兴的强大力量。

1 月 12 日 中国完全自主研制的新型万吨级驱逐舰首舰南昌舰归建入列。

2 月 23 日 统筹推进新冠肺炎疫情防控和经济社会发

展工作部署会议召开。习近平讲话强调,要变压力为动力、善于化危为机,有序恢复生产生活秩序,强化"六稳"举措,加大政策调节力度,把我国发展的巨大潜力和强大动能充分释放出来。4月17日,中央政治局会议提出,在加大"六稳"工作力度的同时,全面落实"六保"任务。

3月6日 决战决胜脱贫攻坚座谈会召开。习近平讲话强调,要动员全党全国全社会力量,凝心聚力打赢脱贫攻坚战,确保如期完成脱贫攻坚目标任务,确保全面建成小康社会。11月23日,我国最后9个贫困县实现贫困退出。

3月26日 习近平出席二十国集团领导人应对新冠肺炎特别峰会并发表《携手抗疫,共克时艰》讲话。5月18日,在第73届世界卫生大会视频会议开幕式上发表《团结合作战胜疫情,共同构建人类卫生健康共同体》致辞。6月17日,主持中非团结抗疫特别峰会并发表《团结抗疫,共克时艰》主旨讲话。到2020年12月,中国已向150个国家和13个国际组织提供抗疫援助,有力支持了世界各国疫情防控。

3月30日 中共中央、国务院印发《关于构建更加完善的要素市场化配置体制机制的意见》。

4月10日 习近平在中央财经委员会第七次会议上讲话提出,要构建以国内大循环为主体、国内国际双循环相互促进的新发展格局。

4月13日 中共中央办公厅印发《关于持续解决困扰基层的形式主义问题为决胜全面建成小康社会提供坚强作风保证的通知》。

5月11日 中共中央、国务院印发《关于新时代加快完善社会主义市场经济体制的意见》。

5月28日 十三届全国人大三次会议通过《中华人民共和国民法典》和《关于建立健全香港特别行政区维护国家安全的法律制度和执行机制的决定》。

6月30日 十三届全国人大常委会第二十次会议通过《中华人民共和国香港特别行政区维护国家安全法》。

7月23日 中国首次火星探测任务天问一号探测器成功发射，迈出了我国自主开展行星探测第一步。2021年5月15日，天问一号成功着陆火星。22日，祝融号火星车驶抵火星表面并开展科学巡测，标志着首次火星探测任务取得圆满成功。

8月28日—29日 中央第七次西藏工作座谈会召开。习近平讲话强调，面对新形势新任务，必须全面贯彻新时代党的治藏方略，铸牢中华民族共同体意识，努力建设团结富裕文明和谐美丽的社会主义现代化新西藏。

9月17日 国务院常务会议确定推进与企业发展、群众生活密切相关的高频事项"跨省通办"的措施。24日，国务院办公厅印发《关于加快推进政务服务"跨省通办"的指导意见》，提出140项"跨省通办"事项清单。

9月22日 习近平在第75届联合国大会一般性辩论上发表讲话强调，要树立命运共同体意识和合作共赢理念，坚定不移构建开放型世界经济，树立新发展理念，坚持走多边主义道路，改革完善全球治理体系。宣布中国支持联合国发挥核心作用重大举措。宣布中国二氧化碳排放力争于2030年前达到峰值，努力争取2060年前实现碳中和。

9 月 25 日—26 日　第三次中央新疆工作座谈会召开。习近平讲话指出,要完整准确贯彻新时代党的治疆方略,牢牢扭住新疆工作总目标,依法治疆、团结稳疆、文化润疆、富民兴疆、长期建疆,努力建设团结和谐、繁荣富裕、文明进步、安居乐业、生态良好的新时代中国特色社会主义新疆。

9 月 30 日　中共中央印发《中国共产党中央委员会工作条例》,把"坚持党对一切工作的领导,确保党中央集中统一领导"作为中央委员会开展工作必须把握的第一条原则。这是坚持和完善党的领导制度体系的关键之举,是强化"两个维护"制度保障的标志性成果。

10 月 23 日　习近平在纪念中国人民志愿军抗美援朝出国作战 70 周年大会上讲话指出,在波澜壮阔的抗美援朝战争中,英雄的中国人民志愿军锻造了伟大抗美援朝精神。我们要铭记抗美援朝战争的艰辛历程和伟大胜利,敢于斗争、善于斗争,知难而进、坚韧向前,把新时代中国特色社会主义伟大事业不断推向前进。

10 月 26 日—29 日　中共十九届五中全会召开。全会通过《关于制定国民经济和社会发展第十四个五年规划和二〇三五年远景目标的建议》。全会提出,"十四五"时期是我国全面建成小康社会、实现第一个百年奋斗目标之后,乘势而上开启全面建设社会主义现代化国家新征程、向第二个百年奋斗目标进军的第一个五年。要坚定不移贯彻创新、协调、绿色、开放、共享的新发展理念,以推动高质量发展为主题,加快构建以国内大循环为主体、国内国际双循环相互促进的新发展格局。29 日,习近平在全会第二次全体会议上讲话指出,进入新发展阶段,是中华民族伟大复兴历史进程的大跨越。

11 月 15 日 中国与东盟十国及日本、韩国、澳大利亚、新西兰共同签署《区域全面经济伙伴关系协定》。

11 月 16 日—17 日 中央全面依法治国工作会议召开。习近平讲话强调,坚定不移走中国特色社会主义法治道路,为全面建设社会主义现代化国家、实现中华民族伟大复兴的中国梦提供有力法治保障。会议总结并阐述了习近平法治思想。12 月 1 日,中共中央印发《法治中国建设规划(2020—2025 年)》。

11 月 28 日 "奋斗者"号全海深载人潜水器成功完成万米海试并胜利返航。

12 月 16 日 中共中央、国务院印发《关于实现巩固拓展脱贫攻坚成果同乡村振兴有效衔接的意见》。

12 月 24 日、25 日 习近平在中央政治局民主生活会上讲话强调,必须增强政治意识,善于从政治上看问题,善于把握政治大局,不断提高政治判断力、政治领悟力、政治执行力。

12 月 25 日 中共中央印发修订后的《中国共产党党员权利保障条例》。

12 月 26 日 十三届全国人大常委会第二十四次会议通过《中华人民共和国长江保护法》。这是首部全国性流域立法。

12 月 30 日 习近平在中央全面深化改革委员会第 17 次会议上讲话指出,全面深化改革取得历史性伟大成就,要坚定改革信心,汇聚改革合力,推动新发展阶段改革取得更大突破。十八届三中全会召开七年多来,各方面共推出 2485 个改革方案,十八届三中全会提出的改革目标任务总体如期完成。

本年 党中央、国务院统筹推进疫情防控和经济社会发展,围绕市场主体的急需制定和实施宏观政策,稳住了经济基本盘。经过艰苦努力,我国率先实现复工复产,经济恢复好于预期,全年国内生产总值超过 100 万亿元、增长 2.3%,城镇新增就业 1186 万人,宏观调控积累了新的经验。

2021 年

1 月 4 日 中共中央、国务院印发《关于全面推进乡村振兴加快农业农村现代化的意见》。指出,新发展阶段"三农"工作依然极端重要,须臾不可放松,务必抓紧抓实。要坚持把解决好"三农"问题作为全党工作重中之重,把全面推进乡村振兴作为实现中华民族伟大复兴的一项重大任务,举全党全社会之力加快农业农村现代化,让广大农民过上更加美好的生活。

1 月 11 日 习近平在省部级主要领导干部学习贯彻党的十九届五中全会精神专题研讨班开班式上讲话,阐述把握新发展阶段、贯彻新发展理念、构建新发展格局。

1 月 22 日 习近平在十九届中央纪委五次全会上讲话指出,全面从严治党首先要从政治上看,不断提高政治判断力、政治领悟力、政治执行力。必须清醒看到,腐败这个党执政的最大风险仍然存在,存量还未清底,增量仍有发生。要健全贯彻党中央重大决策部署督查问责机制,加强对贯彻新发展理念、构建新发展格局、推动高质量发展等决策部署落实情况的监督检查。

同日 国务院办公厅印发《关于推动药品集中带量采购工作常态化制度化开展的意见》。

1月25日 习近平出席世界经济论坛"达沃斯议程"对话会并发表特别致辞,提出我们要解决好这个时代面临的四大课题:加强宏观经济政策协调,共同推动世界经济强劲、可持续、平衡、包容增长;摒弃意识形态偏见,共同走和平共处、互利共赢之路;克服发达国家和发展中国家发展鸿沟,共同推动各国发展繁荣;携手应对全球性挑战,共同缔造人类美好未来。解决问题的出路是维护和践行多边主义,推动构建人类命运共同体。

1月30日 全球第一台"华龙一号"核电机组——福建福清核电5号机组投入商业运行。

2月2日 国务院印发《关于加快建立健全绿色低碳循环发展经济体系的指导意见》。

2月20日 党史学习教育动员大会召开。习近平讲话指出,在全党开展党史学习教育,是党中央立足党的百年历史新起点、统筹中华民族伟大复兴战略全局和世界百年未有之大变局、为动员全党全国满怀信心投身全面建设社会主义现代化国家而作出的重大决策。全党同志要做到学史明理、学史增信、学史崇德、学史力行,学党史、悟思想、办实事、开新局。讲话阐明党史学习教育的重点和工作要求,对党史学习教育进行全面动员和部署,要求树立正确党史观。此前,15日,中共中央印发《关于在全党开展党史学习教育的通知》。这次会议后,习近平《论中国共产党历史》、《毛泽东邓小平江泽民胡锦涛关于中国共产党历史论述摘编》、《习近平新时代中国特色社会主义思想学习问答》、《中国共产党简史》等党史学习教育用书出版。

2月25日 全国脱贫攻坚总结表彰大会召开。习近平宣告,我国脱贫攻坚战取得了全面胜利,现行标准下9899万农村贫困人口全部脱贫,832个贫困县全部摘帽,12.8万个贫困村全部出列,区域性整体贫困得到解决,完成了消除绝对贫困的艰巨任务。习近平讲话指出,脱贫攻坚伟大斗争,锻造形成了上下同心、尽锐出战、精准务实、开拓创新、攻坚克难、不负人民的脱贫攻坚精神。我们走出了一条中国特色减贫道路,形成了中国特色反贫困理论。脱贫摘帽不是终点,而是新生活、新奋斗的起点。解决发展不平衡不充分问题、缩小城乡区域发展差距、实现人的全面发展和全体人民共同富裕仍然任重道远。要切实做好巩固拓展脱贫攻坚成果同乡村振兴有效衔接各项工作,让脱贫基础更加稳固、成效更可持续。

3月11日 十三届全国人大四次会议通过《关于修改〈中华人民共和国全国人民代表大会组织法〉的决定》、《关于修改〈中华人民共和国全国人民代表大会议事规则〉的决定》、《关于完善香港特别行政区选举制度的决定》。

3月15日 习近平在中央财经委员会第九次会议上讲话指出,我国平台经济发展正处在关键时期,要着眼长远、兼顾当前,补齐短板、强化弱项,营造创新环境,解决突出矛盾和问题,推动平台经济规范健康持续发展;实现碳达峰、碳中和是一场广泛而深刻的经济社会系统性变革,要把碳达峰、碳中和纳入生态文明建设整体布局,拿出抓铁有痕的劲头,如期实现2030年前碳达峰、2060年前碳中和的目标。5月26日,碳达峰碳中和工作领导小组第一次全体会议召开。

3 月 25 日　习近平在福建考察时指出,要在党史学习教育中做到学史明理,明理是增信、崇德、力行的前提。要从党的辉煌成就、艰辛历程、历史经验、优良传统中深刻领悟中国共产党为什么能、马克思主义为什么行、中国特色社会主义为什么好等道理,弄清楚其中的历史逻辑、理论逻辑、实践逻辑。要深刻领悟坚持中国共产党领导的历史必然性,坚定对党的领导的自信。要深刻领悟马克思主义及其中国化创新理论的真理性,增强自觉贯彻落实党的创新理论的坚定性。要深刻领悟中国特色社会主义道路的正确性,坚定不移走中国特色社会主义这条唯一正确的道路。

3 月 27 日　中共中央印发《关于加强对"一把手"和领导班子监督的意见》。

4 月 14 日　国务院常务会议通过《中华人民共和国市场主体登记管理条例》。近年来通过推进商事制度等改革,市场主体不断培育壮大,登记在册的市场主体总数由 2012 年的近 5500 万户增加到 2021 年 4 月份的 1.43 亿户,增长 1.6 倍。

4 月 16 日　中共中央印发修订后的《中国共产党普通高等学校基层组织工作条例》。

4 月 22 日　习近平出席领导人气候峰会并发表讲话,阐述构建人与自然生命共同体理念,强调要坚持人与自然和谐共生,坚持绿色发展,坚持系统治理,坚持以人为本,坚持多边主义,坚持共同但有区别的责任原则。

4 月 23 日　中共中央、国务院印发《关于新时代推动中部地区高质量发展的意见》。

4 月 27 日　习近平在广西考察时指出,学史增信,就是要增强信仰、信念、信心,这是我们战胜一切强敌、克服一切困难、夺取一切胜利的强大精神力量。要增强对马克思主义、共产主义的信仰,增强对中国特色社会主义的信念,增强对实现中华民族伟大复兴的信心。

4月29日 十三届全国人大常委会第二十八次会议通过《中华人民共和国乡村振兴促进法》。

同日 中国空间站天和核心舱发射成功,标志着我国空间站建造进入全面实施阶段。5月29日,天舟二号货运飞船发射成功。30日,天舟二号货运飞船与天和核心舱完成自主快速交会对接。

5月11日 国家统计局公布第七次全国人口普查主要数据,截至2020年11月1日零时,全国人口共141178万人。

5月13日 习近平在河南南阳实地了解南水北调中线工程建设管理运行和库区移民安置等情况时指出,人民就是江山,共产党打江山、守江山,守的是人民的心,为的是让人民过上好日子。我们党的百年奋斗史就是为人民谋幸福的历史。14日,习近平主持召开推进南水北调后续工程高质量发展座谈会。

5月21日 习近平出席全球健康峰会并发表讲话,就提高应对重大突发公共卫生事件能力和水平,提出五点意见:坚持人民至上、生命至上;坚持科学施策,统筹系统应对;坚持同舟共济,倡导团结合作;坚持公平合理,弥合"免疫鸿沟";坚持标本兼治,完善治理体系。强调要坚定不移推进抗疫国际合作,共同推动构建人类卫生健康共同体,共同守护人类健康美好未来。

5 月 22 日 中共中央印发《中国共产党组织工作条例》。

5 月 28 日 习近平在中国科学院第二十次院士大会、中国工程院第十五次院士大会、中国科协第十次全国代表大会上讲话指出，要加快建设科技强国，实现高水平科技自立自强。

6 月 9 日 习近平在青海考察时指出，在党史学习教育中做到学史崇德，就是要引导广大党员、干部传承红色基因，涵养高尚的道德品质。一要崇尚对党忠诚的大德，二要崇尚造福人民的公德，三要崇尚严于律己的品德。

6 月 17 日 神舟十二号载人飞船发射升空，与天和核心舱完成自主快速交会对接。三名航天员先后进入天和核心舱，标志着中国人首次进入自己的空间站。

6 月 18 日 中国共产党历史展览馆开馆。习近平参观"'不忘初心、牢记使命'中国共产党历史展览"，并带领党员领导同志重温入党誓词。强调，党的历史是最生动、最有说服力的教科书。我们党的一百年，是矢志践行初心使命的一百年，是筚路蓝缕奠基立业的一百年，是创造辉煌开辟未来的一百年。回望过往的奋斗路，眺望前方的奋进路，必须把党的历史学习好、总结好，把党的宝贵经验传承好、发扬好，铭记奋斗历程，担当历史使命，从党的奋斗历史中汲取前进力量。要教育引导广大党员、干部通过参观学习，更加自觉地不忘初心、牢记使命，增强"四个意识"，坚定"四个自信"，始终在思想上政治上行动上同党中央保持高度一致，坚定理想信念，学好用好党的创新理论，赓续红色血脉，发扬光荣传统，发挥先锋模范作用，团结带领全国各族人民，更好立足新发展阶段、贯彻新发展理念、构建新发展格局，全面做好改革发展稳定各项工作，汇聚起全面建设社会主义现代化国家、实现中华民族伟大复兴中国梦的磅礴力量。

责任编辑：任　民
装帧设计：周方亚
责任校对：周　昕

图书在版编目（CIP）数据

中国共产党一百年大事记：1921 年 7 月—2021 年 6 月／中共中央党史
　和文献研究院. —北京：人民出版社，2021.7
ISBN 978－7－01－023527－1

Ⅰ.①中…　　Ⅱ.①中…　　Ⅲ.①中国共产党-党史-大事记-1921-2021
Ⅳ.①D23

中国版本图书馆 CIP 数据核字(2021)第 124339 号

中国共产党一百年大事记

ZHONGGUO GONGCHANDANG YIBAI NIAN DASHIJI

(1921 年 7 月—2021 年 6 月)

中共中央党史和文献研究院

人民出版社 出版发行
(100706　北京市东城区隆福寺街 99 号)

北京盛通印刷股份有限公司印刷　　新华书店经销

2021 年 7 月第 1 版　　2021 年 7 月北京第 1 次印刷
开本：635 毫米×927 毫米 1/16　印张：16
字数：167 千字

ISBN 978－7－01－023527－1　定价：32.00 元

邮购地址 100706　北京市东城区隆福寺街 99 号
人民东方图书销售中心　电话 (010)65250042　65289539